HUAWEI CBG
STRATEGY

芮斌　熊玥伽◎著

华为终端战略

从手机到未来

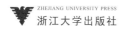

ZHEJIANG UNIVERSITY PRESS
浙江大学出版社

红海行动

公元前 1450 年,先知摩西带领历经苦难的以色列人离开埃及。他们一路逃离,在红海遭遇了埃及法老的追兵。在情况万分危急之时,摩西用耶和华的手杖指向滔滔红海,海水分开,显露出一条海底大道,帮助以色列人逃生。

当法老的士兵追到红海时,摩西再向海中伸杖,海水翻涌,淹没了之前的大道。已经进入红海的法老士兵、车辆和马匹,顷刻之间覆灭。在摩西的带领下,以色列人渡过红海、荒漠,终于逃离埃及,抵达迦南地,获得自由。

在《出埃及记》[①]中,红海是走出埃及的关键之地。因为得到了耶和华的庇佑,摩西才用神奇的力量带领以色列人摆脱了追兵。若不然,他们将走投无路。

红海,古希腊人称其为 THALASSAERYTHRAE,今名是从古希腊名演化而来的,意译即"红色的海洋"。现在人们普遍认为,非洲东北部与阿拉伯半岛之间的狭长形河道就是红海。也有研究者认为,无法确定《出埃及记》中红海的位置。千百年来,这片神秘的海域

---

① 《旧约》中最重要的一卷,讲述了希伯来人(犹太人)同古代埃及人之间的矛盾起源。

吸引着人们一次又一次踏上探索的路途。

在商业世界,也有一片红色的海洋,时刻散发出危险的味道。这里没有宽阔的陆地,没有现成的船只,没有精良的武器,更没有神的眷顾。这里只有强大的竞争对手、难以取悦的用户、不低的进入门槛,以及弱小的自己。因此,在这片红海面前,许多人会踌躇不定、望而却步。

企业家们都在绞尽脑汁地找寻蓝海市场。蔚蓝色的海洋,平静安详,似乎没有一点波浪。很多人误以为,只要找到了蓝海,就能够一劳永逸,不会受到竞争的困扰,不会陷入可怕的商战。

然而,现实会告诉他们,没有企业可以躲得过红海里的厮杀。蓝海实在稀有,红海却是常有。随着时代的快速发展,蓝海变红海的速度也在疯狂加快。那些想要躲避战争的人,终究会在永无止境的纠缠中无法脱身。

人们总是害怕看得见的危机,担忧未知的风险,很少有企业家敢于义无反顾地踏入红海。但优秀的企业家却能够像摩西一样,用手杖为人们指出一条大道,带领大家奋不顾身地投入战斗,成为终极赢家。他们有勇有谋,无惧无畏。

华为,就是一个红海战士。30年前,华为穿越通信设备的红海,成为这片海域的主宰。30年后的今天,华为穿越终端市场的红海,从一个不起眼的位置站到了世界的舞台。每一次的穿越,华为都是以后来者的身份出现,受过冷眼嘲笑,经历了激烈的战役,才最终崛起。

在一定的技术创新和商业模式创新的条件下,超级蓝海存在于超级红海之中,而超级企业能够从超级红海中寻找到超级蓝海。比如,苹果公司从"超级红海"云计算中挖掘了 iCloud 这一"超级蓝海"市场。可以说,红海战略从未过时,它正在变化中升级。未来,红海之战仍会继续,它将变得更复杂,也会更精彩迷人,这就是我们研究它的原因所在。不管是过去、现在还是将来,华为的红海行动都值得一看。重要的不是探秘华为凿路的诀窍,而是它举起手杖时的果敢、自信和决心。

进入：2012—2014

在进入一个四面包围的阵地之前,你需要先做两件事情：

第一,清楚行动目标。

如果你茫然地进入"战场",可能在迈进第一步时就会被击毙。目标越清晰简单,越能让人保持清醒,并且激发人的挑战欲。

第二,拿到地图。

你要尽可能清楚地知道"敌人"在哪里,哪里有危险,然后梳理出通往目的地的路线,并做出相应的选择。至少,你要知道第一步朝哪边走。

在红海战场中,后来者没有制定游戏规则的机会。那些先到的玩家已经基本摸清了游戏的大规则和基本路线,后来者只能先接受既有规则,或者说是局限条件。在接受约束的情况下,弄懂既有的游戏规则,努力成为顶尖的玩家。当你错失了成为引领者的机会时,唯一能做的就是成为业内行家。

分析局势

华为在进入终端红海时,做的第一件事就是定位高端。这是定位,也是奋斗目标。这个目标是具体的,可以实现的,而不是虚无缥缈、若有似无的口号。为了实现它,华为几乎在一夜之间砍掉了所有的低端产品,然后明确提出对标高端机的两位老大——苹果和三星。这样的态度和行为,就是华为终端的宣言。

此时,华为终端地图上出现了一个醒目的目标点。接下来要做的,就是摸清路线,至少找到一条最有可能实现目标的路径。这条路径可能并不清晰,甚至有可能呈现断断续续的状态,但在所有的选择中应当是最优的。

要完成这一任务,就必须知道你的对手在哪里,它们所处的位置,将影响你后续的决策。比如,如果你们狭路相逢,应该怎么办?在规划路径时,是要躲开它们,还是进行正面攻击?

从当时华为所处的环境就可以看到,华为的头顶上有来自苹果、三星两位行业领先者的压力。这两大对手有着精锐的"武器",高高在上,俯视一切。在华为的左右两边,也还有强劲的对手:一边是代表着互联网"航空"势力的小米、魅族、锤子等品牌手机,它们可能会出其不意地使出妙招,给新入者致命的一击;另一边是代表"地面"势力的 OPPO 和 vivo,它们擅长规模化"战斗",可能会悄无声息地占领你的地盘(见图 1)。

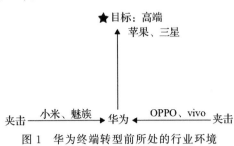

图 1　华为终端转型前所处的行业环境

除了已有的对手之外,还有一些尚未出现的潜在"敌人",它们随时有可能发动偷袭。对于华为来说,这样的局势不太乐观。不仅受到强者的俯视,而且要承受左右夹击。想要达到顶峰,不仅要打败现有的第一名,而且不能被其他对手所牵制。如果和其他对手周旋时间太长,那么登顶成功就会遥遥无期。

如此,在既有战局中找到一个合适的位置,就变得非常重要了。请记住,在红海中,对手的位置决定了我们自己的位置。有可能我们心里想要站在 A 点,但受到对手的影响,我们最终只能选择站到 B 点。原因只有一个,只有和对手有比较,才会出现"最优位置"。单凭自己的愿望设定出的最佳位置,一定是无效的。

最佳位置

实际上,战略规划和用兵打仗是相通的。从理论来说,战略一词原本就来自军事,后来才在商业中普及。被奉为"战略圣经"的《孙子兵法》中就写道:"故用兵之法,十则围之,五则攻之,倍则分之,敌则能战之,少则能逃之,不若则能避之。故小敌之坚,大敌之擒也。"①

红海中的新来者,不管是出于谦卑的态度,还是因为势单力薄,都不应该狂妄地挑衅战局中的其他人。首先应该选择一个不起眼的地方,以一种温和的形象出现,一方面是尽量躲避受伤,另一方面是为了更好地观察。如果太过张扬,就会导致对手过度警惕,甚至招来横祸。

仅在地图上比划,无法真正了解对手。只有入局之后,才有可能近距离地认识它们,分析实际战况。自古以来,谋划策略都必须建立在了解敌我双方情况的基础上。既了解敌人的情况,又了解自己的情况,作战的危险系数最低;不了解敌人的情况,只了解自己的情况,那么,胜负各半;既不了解敌人的情况,又不了解自己的情况,那样必定失败。

---

①　有十倍于敌的兵力就包围敌人,有五倍于敌的兵力就进攻敌人,有两倍于敌人的兵力就设法分散敌人,和敌人的兵力相等就要善于战胜敌人,比敌人的兵力少就要善于退却,战斗力不如敌人时就要避免与敌人作战,不能强拼硬打。所以弱小的军队与敌人硬拼,只能成为对方的俘虏。

华为在刚入局之时,虽然嘴上喊着"争第一"的口号,却走到了一个相对较弱的位置。重磅推出的系列新品没有在市场中一炮而红,遭到了许多讽刺嘲笑。尽管这不是华为有意而为之,但从现在来看,开局不利反而为华为争取了自我修炼的时间。在对手不把你放在眼里,懒得来进攻你的时候,其实就是最好的自我升值时期。在重重磨练之后脱胎换骨,才能做到出其不意,攻其不备。

看起来不利于进攻的位置,成了最佳的观察位。在这个位置上,华为既可以练内功,也可以看到战场上的一举一动,精准地分析局势和对手情况。况且,最初的占位并不代表最终的位置,在登上顶峰之前,位置会随着周围环境的改变不断移动变化。只要心中牢记一开始就确定的"高端定位",就不会被暂时的占位选择所干扰。

我们要追求的不是最高位置,而是最佳位置。一些在当时看起来不太好的占位,从全局来看,其实是最佳位。如果我们每次都能站到最佳位置上,被打退了能找到掩护的地方,打了胜仗能趁势而上,就能少受一点伤,少流一点血,游刃有余地向前迈进。

小步快跑

战略是变化无穷的,战略的艺术之美就在于此。任正非认为:"企业能否活下去,取决于自己,而不是别人,活不下去,也不是因为别人不让活,而是自己没法活。活下去,不是苟且偷生,不是简单地活下去。活下去并非容易之事,要始终健康地活下去更难。因为它每时每刻都要面对外部变幻莫测的环境和激烈的市场竞争,面对内部复杂的人际关系。企业只有在不断地改进和提高的过程中才能活下去。"

历史上没有永远强大的国家,也没有永远弱小的国家;没有常胜的将军,也没有永远的败将。一切因素都在不断变化之中,不管是军事指挥还是没有硝烟的商战,都必须时时留意战场形势的变化,根据变化采取相应的措施,把握有利的时机,创造制胜的条件。如果定在一个地方不动,那么战争还没开始就会被消灭掉。

迈克尔·波特在《竞争战略》一书中曾提到:企业首先应当做到准确定位,利用自己的能力对现有的竞争力采取最严密的防御措施;继而通过战略行动来平衡各种竞争力,进而提升企业的相对地位;预测决定竞争力的因素变化,并采取对策,在对手意识到这些变化前,选择适合竞争力的战略,在变化中求进步。

写在纸上的理论看起来很简单,但实际运作起来的时候,复杂程度难以想象。亦如军事家孙武所言:"故策之而知得失之计,作之而知动静之理,形之而知死生之地,角之而知有余不足之处。"①

常听人谈论说,华为最擅长跟随策略,无论多么强大的对手,只要遭遇华为的跟随,就难以摆脱。越是想甩掉,就越甩不掉。有人蔑视地认为,这算不上什么高超的策略,甚至认为这种行为并不光彩。但实际上,这就是博弈的学问,并没有优劣之分。

如果你也能做到像华为那样细致入微地观察对手,比对手更了解对手,你也能成为第二个华为。如果你正好是华为的对手,彼此过招交战时,一定会得到足够的尊重。

然而,在华为快速挑动、试探的过程中,就有很多对手败下阵来。究其原因,往往不是华为多么强大,而是对方自身出现了问题。最终的结果是,华为对对手的情况了如指掌,既知道对方的兵力强弱、活动规律、秘密武器,也知道对手的生死命脉之所在。这样的了解,足

---

① 用兵打仗要通过认真地策划筹算,来分析敌人作战计划的优劣和得失;要通过挑动敌人,来了解敌人的活动规律;要通过佯动示形于敌人,来试探敌人生死命脉之所在;要通过小规模的交锋,来了解敌人兵力的虚实强弱。

以增加对手的慌乱。

我们可以从荣耀（Honor）手机和小米手机的一些营销事件中，窥探到华为的战术。

2014 年 3 月 17 日，小米推出红米 Note，广告语为：永远相信美好的事情即将发生。2 天后，华为荣耀推出新品荣耀 3X，广告语为：更美好的事情已经发生。

4 月 8 日，小米举办"米粉节"；华为在同一天举办"荣耀狂欢节"。

小米举办"小米主题设计大赛"，口号为"这次，我们整点大的"；华为也举办"华为 EMUI 全球手机主题设计大赛"，口号为"这次，我们整点更大的"。

7 月 10 日，小米公布"2014 小米年度发布会"的消息 2 小时后，华为也公布了将在 7 月 22 日举办发布会的消息。

……

概括来说，在荣耀的产品规划上华为从产品布局上做到：小米有的荣耀有，小米还没推的荣耀先推，小米要干的荣耀一起干。逐步把主动权掌握到自己的手里，也扰乱了对手的布局。

华为把小米当作标兵学习的行为，让小米感到极度不适。曾经明确表达过对任正非崇拜之情的雷军，也深受荣耀的困扰，发文"讨伐"称，华为终端本质上不等于华为，某些人无节操的做法严重抹黑了华为无比宝贵的品牌，让每个人心痛。他还"叫板"余承东："拿出世界 500 强的胸怀，认真管管华为终端的风气。"

余承东迅速澄清，荣耀并没有黑小米，并@雷军说："我们无法也不能去控制互联网上人们发表意见的自由。没有大气量，无以成大器。坚持做好自己，不要在意别人怎么说吧！"

发怒的小米，正中荣耀的下怀。敌人易怒就想办法激怒它，使其丧失理智;敌人谦卑、谨慎,就要设法使其骄傲自大。这就是《孙子兵法》中"怒而挠之,卑而骄之"的含义。不管荣耀是否有意激怒小米,小米暴露出的不爽情绪,都被华为看在眼里,并增加了对它的了解。

在初入战场之时,营销战是试探对手的有效方法。营销战一般规模不大,具有短、频、快的特点,既能够接近对手,也能一探虚实。从表面看,营销行动是一个个单点,但拉长来看就会发现,营销策略和企业战略之间有着千丝万缕的联系。

不管是长期还是短期,营销的一举一动,都是为战略目标服务的。在华为的品牌营销从无到有的成长过程中,同样可以看到,品牌营销是战略的一个重要方面,也是助力企业达到战略目的的一大武器。

在红海竞争中,企业要立于不败之地,最重要也是最困难的事情就是要分析自己在市场中所处的地位,对于强弱不同的竞争对手,要采取不同的策略,以求在市场中赢得一席之地。

突围:2014—2015

相对弱势的一方,如果想要变成强者,就要先从强者中突围。如果一直小打小闹,在小范围内活动,就只能是一个小角色。只有突破局限,才能主宰自己的命运,拥有行业地位,影响整体局势的发展。因此,在红海之战的突围阶段,考验的是企业的综合实力。

2014 年之后,当华为进入突围战的时候,其对形势的准确判断和应对,以及核心地位的建立,为日后的成功奠定了坚实基础。

趁势补位

东汉末年,军阀混战之时,曹操还是一个被通缉的在逃之人。在那个时候,袁绍、刘岱、乔瑁等人已经组建了数万人的军队,曹操与他们力量悬殊。

直到汉献帝初平三年(192 年),曹操的命运才有了转机。这一年,他被推举为兖州①太守,在山东寿张与黄巾军②发生了一场大战,黄巾军大败。那年冬天,曹操对降军进行整编,取其精锐 30 余万,组成了"青州兵"。至此,曹操才拥有了足够的实力,可以与其他势力较量,逐鹿中原,为最终建立魏国打下了基础。

与黄巾军的战役,无疑是曹操建立政权的关键。而在打了胜仗之后,曹操能够趁势而为,从一个小逃犯变成了受人敬仰的政治家,这是最为传奇的。对于将领来说,若要从局势中突围,跳出局限,一定会经历一场关键战役。

而在华为终端之路上,使其成功突围的关键之战,则是由 Mate 品牌打响的。本书的第六章对华为 Mate 面对的局势进行了详尽的描述和分析。大环境和对手的变化,给华为 Mate 创造了一个绝佳的机会。只要逮住这个机会,华为就有可能趁势壮大。

事实证明,华为做到了。从结果来看,它借势"俘获"了众多三星手机的用户,如愿拥有了庞大、忠诚的用户队伍。更难得的是,华为保持住了胜利的势头,这股强劲的势力就像一触即发的弓弩,又像圆石从千仞高山上滚下,有一种不可抵挡的力量。用这种力量打击敌人,能够变被动为主动,所向披靡。

创立唯一

红海中的企业竞争纷繁复杂,需要使用多项战略,比如营销战、价格战、质量战、服务战等。那么,到底采用怎样的战略组合,才能够

---

① 今山东巨野东南。

② 中国东汉末年钜鹿人张角所领导的大规模抗暴军队,由于暴民头裹黄巾,故称"黄巾军",历史上都把"黄巾之乱"作为三国时代的开端。

比较顺利地达成目标？应该以哪种战略为主,哪些战略为辅呢？

某些竞争,尤其是价格竞争是非常残忍的。从盈利的角度来看,这会让整个行业陷入低谷。企业的降价行为若发生得迅速,竞争对手也会竞相模仿。除非整个行业的价格需求弹性很大,否则所有企业的利润都会锐减。

另外,如果将营销战作为主战略,结果很可能是消耗过多广告投入,覆水难收。更不利的状况是,营销战容易招来对手的恶意报复、抵抗,破坏整个行业的生态平衡,影响行业的正向发展。

像价格战、营销战这样的行动,适度地运用会对行业产生积极效果,一旦过度就容易失控。虚假错误的广告宣传或者非理性的定价结构,都会造成损人不利己的恶果。而作为主战略,一定要具有内生力,要能够支撑企业、行业现在和未来的持续发展。

华为作为中国代表性的大企业,始终清楚自身肩负的责任,绝不会采用任何扰乱行业秩序或者把其他企业置于死地的战略。一家企业再大,也不可能占据市场中所有的位置,大家争夺的是最佳位置,而不是独霸天下。

在理想状况下,企业的竞争行动最好不要引发对手的反击。这样的目标很美好,却很难达成。要做到这一点,企业必须建立让对手一时间无力反击的优势。虽然这样的优势不会带来绝对安全,但至少能够避免旷日持久的竞争。

从终端的发展脉络可以看到,华为选择了芯片作为自己的核心优势,建立了唯一的地位。华为手机的屏幕、摄像头、播放器可能和其他手机差别不大,但华为是国内唯一一家可以自主研发、制造芯片的手机商。当其他手机品牌需要购买第三方机构研发的芯片时,华为用的是自己的芯片。最重要的是,芯片技术不是谁都能在短时间内获取的,这点对手很难赶超。

早在 2004 年 10 月,华为就在深圳成立了海思半导体有限公司。其前身是创建于 1991 年的华为集成电路设计中心。早前,海思主要为华为通信设备设计芯片,经过多年的积累和创新,最终成为华为在技术方面的一股核心力量。在终端领域,海思研发了 K3V1、K3V2、麒麟 910、麒麟 920、麒麟 970 等芯片产品,经历了从默默无闻到成为明星的过程。

在海思芯片的助力下,华为在手机领域掌握了自己的命运。不依赖任何芯片厂商,就意味着华为在做新品的时候,能够自主设计规划,发布新产品不会受到他人的牵制,甚至可以成为先行者,在关键时刻抢夺时间窗口。当国内所有手机品牌都在等着国外的芯片供给时,华为能够做到自给自足,不依附于旁人,也不会被别人限制,这就是突出重围的强力武器,其他对手很难和其相提并论。

质量第一

自从确立了高端目标,华为的宗旨就从"低成本"向"高质量"过渡。对于任何企业来说,质量既是不可践踏的底线,也是不懈追求的目标。不把质量放在眼里的企业,会很快被淘汰。可能一次产品质量事故,就会搞垮一个企业。追求高质量的企业,才能在市场中站稳脚跟,真正做到胸怀梦想,脚踏实地。

在任正非看来,高质量就是要给客户提供高质量的服务和高质量的体验,同时要让器件厂家有合理利润,采用高质量的器件做出高质量的产品。这样一来,产品成本可能会提高,但是却能够产出更多的价值。

在红海突围战中,质量是一大关键点。如果把营销、管理等方面都做好了,质量却跟不上,不仅无济于事,还有可能止步于此。突围战十分灵活,要求企业能够快速移动、随时变化,前方竞争的节奏很快,后方就更需要以过硬的产品质量、组织管理为根基,为企业安全保驾护航。

华为手机要提升品牌,归根结底要靠过硬的产品质量。以荣耀和小米的竞争为例,余承东曾明确表示,荣耀相当于一个类似小米的、完全基于互联网营销的品牌。小米的互联网营销方法值得学习,但华为只是借鉴小米的营销方法。荣耀与小米竞争,一是要推出性价比更高的产品;另一方面,产品质量一定要非常过硬。

2014年,搭载华为海思芯片的荣耀6发布后成为爆款产品,3个月销量超200万部。荣耀手机从跟随小米跨越到成为领跑中国互联网的手机品牌,进而成为中国互联网手机品牌中唯一赚钱的品牌。很多曾经喧嚣一时的互联网品牌手机,因为缺少核心竞争力等而退场。

如今,荣耀在中国互联网手机品牌中排名第一。从它由弱到强的成长轨迹中可以看到,过硬的质量创造了无价的地位。

第一,荣耀产品升级很快,从设计工艺到配置和软件,在短时间内就赶超对手,成为业内数一数二的精品。不管是华为品牌还是荣耀品牌,在任何时候,质量都是摆在第一位的。以荣耀6为例,其CPU性能提升200%,功耗却降低35%,解决了手机用户低性能、高功耗的痛点,产品的网络好评率高达97%。

余承东在产品质量上,向来信心十足,他认为:"荣耀做电商平台其实是在帮小米,因为华为是一家值得信赖的世界500强公司,故障率低,性价比高,这与其他小品牌质量水平参差不齐有明显不同,因此可以帮小米争取用户对电商平台的认可,一起把电商渠道做大。"

第二,当其他手机品牌纷纷采用"饥饿营销"方式、深陷期货乱象的时候,荣耀不玩花样,只要预购完成,就能在短时间内保证足够的出货量。于是,当消费者疲于抢购某款手机,每每因为买不到而抱怨之时,具有可靠和稳定出货量的荣耀,成为他们的安心选择。

第三,麒麟芯片的成功研发,助力包括荣耀在内的华为手机取得了成本优势,增加了产品成本控制力。尽管价格低,但荣耀仍然有利润空间。在同类产品的竞争上,性价比有绝对优势。余承东在多年前就讲过,高研发投入会带来高品质产品,荣耀产品在未来一定会大幅超过小米。

那些只重营销、不顾质量的企业,终将退出战场。曾经有一段时间,人们喜欢拿情怀来做文章,似乎没有情怀就做不了品牌了。但当情怀浓得有些发腻的时候,大家回过头发现,一个产品应当始终坚持质量,只有质量有保证,企业才有可能基业长青,而情怀只是品牌的加分项。品牌产品,一定是品质在前,情怀在后。

进攻:2016—2017

商业红海战役的精彩程度,丝毫不亚于真实的战斗。不管是枪战、巷战,还是高山突围、小镇肉搏,电影大片中那些激烈的场景,商战中一个都不会少。惊险、紧张和刺激,总是如影随形。

在突围战役中,企业不想被敌人战胜,就要学会防守。不过,想要战胜敌人,就躲不开主动进攻。在兵力不足时,实行防御;在兵力有余之后,就要发起进攻。面对强大的对手,更要努力保全自己,并且取得胜利。

有人认为,进攻就是血腥的斯杀,使出杀伤力最强的武器,用尽全身武功一举歼灭对手。如果谁相信了这样的理念,并且去做了,那一定会死得很惨。不顾自身安全的进攻,只是有勇无谋。虽然任何战斗都会有伤亡,但我们也要尽力做好保障。

法则一：先确保自己有利位置再进攻

即便是自身实力变强了，也不要轻举妄动，你需要等待一个可以战胜对手的最好时机。不会被打败取决于自身实力，战胜敌人则取决于敌人的有机可乘。每次进攻之前，都要先确保自己不败的位置，同时不要放过任何击败敌人的机会。

善于打仗的人，能创造不被敌人战胜的条件，却不可能做到使敌人一定被我军战胜。具有商业谋略的人，能够做到不被别人战胜，但却不可能百分之百打胜仗。如果有人求胜心切，走火入魔，采用一些非道德，甚至违法的手段来"确保"胜利，最终只会害了自己和企业。

在充分了解对手之后，按兵不动地等待可以战胜对手的时机，然后抓住其要害之处，就能轻而易举地获胜。人们向来崇拜那些在绝境中取胜的英雄，殊不知在激战中胜利的一方，并不算是最高明的。

真正的高手能够用最小的代价赢得胜利，他们不见得是最勇敢的武士，也看不出有多大的智慧，但总能够轻松取胜。在外行看来，他们打胜仗是因为运气好，但内行人知道，在轻松的背后是别人学不来的本事。如果因为自身强大了，就盲目地发动进攻，去和对手决战，只会落下强盗、恶霸的臭名，遭人厌恶，受人唾弃，甚至被对手群攻。

在本书第六章中，大家就可以看到华为是如何把握机会，在没有流血牺牲的情况下一步步与三星交战的，以及如何坚持做好自己，抓住机会的。

法则二：忌冲动，要耐住寂寞

成大器之人，往往拥有一种成熟稳重的气质，他们不会因为一点风吹草动就动摇，更不会心存侥幸、盲目行动。如果学不会等待，就品尝不到最甜美的果实。

2011 年开始，互联网东风吹来，以小米为代表的互联网营销模式像一阵旋风，席卷了手机市场。有许多人选择了随风飘扬，希望在风口上占得一席，只有华为丝毫不动。在旁人纷纷争抢蛋糕时，华为在思考互联网真正的意义。身处浮躁的环境中，华为异常冷静，在理智分析后才不急不忙地进入战局。

快一步，能早点尝到蜜糖。但慢半拍，并不代表永远落后。很多时候，想清楚比做出来更重要。没有想明白就去做，那是跟风，一旦风停，自己就会落下来。只有想明白了再去做，才能一直翩翩起舞。

法则三：拒绝个人主义

如果你对军事感兴趣，就一定知道，狙击手在执行任务时，还有一名观察员在配合他，两人各有职责。观察员携带的是专用观察镜，这种装备比狙击枪的瞄准视野宽很多，更利于寻找、定位目标。同时，观察员负责洞悉周围环境的变化，及时将情况告知狙击手。在必要的时候，观察员还要配合狙击手的射击行动。

为了一举击中目标，观察员和狙击手必须默契配合。子弹从狙击手的枪杆子中发射出，但背后却是一个团队的力量。在红海作战中，同样讲究团队的团结配合。如果团队成员之间缺少沟通，每个人都想争功，队伍就会混乱，成为一盘散沙，丧失战斗力。

在本书中，我们可以处处感受到华为组织的强大，比如"压强原则"。《华为基本法》第二十三条这样写道：我们坚持压强原则，在成功关键因素和选定的战略生长点上，以超过主要竞争对手的强度配置资源，要么不做，要做，就极大地集中人力、物力和财力，实现重点突破。

在诸多关键战役上，华为人都是齐心协力，发挥了"压强"精神，战胜困难，迎来了光明。终端战役同样如此，华为把创新的人力、灵活的组织管理，压在了关键的成功要素上，才在进攻中取得成就。

巩固：2018 年至今

2012 年,华为品牌的全球知名度仅 25％,也就是说,100 个人里面,有 25 个人知道华为。就算在中国,华为品牌知名度也只有 32％。2013 年年中,数据统计显示,华为品牌全球知名度已迅速攀升至 52％,国内知名度翻番,达到了 68％。在英国、意大利、西班牙、日本等国家,华为品牌的知名度也实现了 2 至 3 倍的增长。

年轻、性价比高、有雄心、低调、先进,这些词成为华为品牌的标签。有英国的消费者评论说:"我对华为品牌了解不多,它或许很酷,但是很低调,这让人很好奇。我们也许会成为朋友,但是还需要时间去培养感情。"而中国的消费者也同样表示,华为需要更多的时间去成长,并且对其超越三星有了信心。

2015 年 5 月,在全球权威品牌榜 BrandZ 的评选中,华为首次入选全球最具价值品牌榜百强,位列第 70 位,在科技领域品牌排名第 16 位。2018 年 5 月,华为在最新的这张榜单上已经排在第 48 位。

终端战略底层逻辑

从 2012 年到 2018 年,短短 6 年时间,华为终端完成了从进入"战场"到地位巩固的过程,实现了由弱到强的蜕变。在一路的成长中,我们能够比较清晰地看到三个关键因素——文化、战略和产品。

华为长期坚守的核心文化决定了终端战略的制定和执行,而战略的规划又决定了产品的创新变化。全球战略与创新管理大师、斯坦福大学罗伯特·A.伯格曼(Robert A. Burgelman)教授曾讲:"没有文化的战略是无能为力的,而没有战略的文化是漫无目的的。"

如其所言,公司发展的好评同样取决于这一过程中战略与文化的互相支撑。在一些企业中,文化在战略中的作用被严重低估,两者时常呈现割裂状态,从而引发了诸多问题。而华为在两者的融合方面,可以称得上是一个典范。

有人认为,战略、文化只存在于大型企业中,中小型企业还谈不上这些。但实际上,小公司的创业者们会感受到,公司经过了两三年的起步期后,需要在规范制度、规模等方面上一个台阶时,战略、文化就会开始显现作用,而且扮演越来越重要的角色。

本书也讲述了华为终端的发展过程,这在华为是一个难得的全新业务。它所具备的创业因子,增加了不少的研究价值。能够一睹华为的一次创业过程是难得的机会。华为所面对的产品、技术、市场等困难,不比任何创业公司少。它是如何兼顾文化、战略、产品三者关系的? 这一问题值得我们去寻找答案。

从文化、战略、产品三条脉络分析,可以看到五个节点(见图2)。

年度	2010—2011	2012	2013—2016	2014—2016	2012—	2016—
决定→ 产品	功能机	Ascend P1、Ascend D Ascend D quad、Ascend D qued x1	Ascend P2、P6 Ascend D2	Mate系列7、8	荣耀系列	Ascend P9、P10 Mate9、11 智能终端设备
决定→ 战略	转型	精准定位	精品战略	精品战略	双品牌战略	产业生态合作战略
文化			以奋斗者为本, 以客户为中心			

图 2 华为终端战略路径

在转型阶段,华为产品实现了从功能机到智能机的转变;

在精准定位阶段,通过定位高端品牌、高端用户,华为打造出了第一代高端智能手机产品;

在精品战略阶段,华为采取规模宣传、情感经营、细分市场等方式,完成了产品从硬件比拼到设计能力较量的升级,高效开发出 Ascend P6、Mate 7、Mate 8 等产品;

在双品牌战略影响下,荣耀品牌产品采用粉丝经营、互联网营销等策略,实现了快速成长;

在践行产业生态合作战略阶段,华为加大与第三方的合作,通过资源互通、强强联合,推出了 Ascend P9、Mate 9 等后续产品。

在各阶段战略执行中,除了采取不同的市场策略,华为一直在坚持芯片技术的研发。一开始,市场占据了相对重要的地位,技术尚不成熟。随着产品不断发展,技术和市场实现了并驾齐驱,成为支撑战略的"两条腿"。

而在文化理念方面,华为则始终坚持"以奋斗者为本,以客户为中心"。这一文化理念在华为已有数十年时间的积累,具有多元化的表现特征。比如,创新文化就是"以客户为中心"的表现之一,因为创新的目的是给客户创造价值。

伯格曼教授在《七次转型》一书中将文化和战略的关系进行了如下表述(见图3):

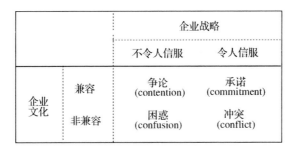

图 3　企业文化与战略的动态作用

如图 3 所示,当令人信服的企业战略与兼容的文化相结合,就会产生承诺,此时不难让员工们贯彻执行战略。如果令人信服的战略与非兼容的文化相结合则可能出现冲突。

　　不可否认的是,文化和战略之间会出现矛盾。在华为终端的行进中,文化与战略也曾有过不适。比如,在战略转型阶段,艰苦朴素的文化和消费文化之间就产生了摩擦;在双品牌战略阶段,乌龟精神和创新文化之间也产生了矛盾。在本书中可以看到,华为根据环境变化,对文化与战略之间的互动方式进行调整,最终达到了和谐统一。

　　本书以时间为线,从产品发展和战略维度进行划分。第一章从华为终端历史发展入手,分析2010、2011年华为所处的内外环境,理清为什么做终端这一问题,是为"开局"。第二章以华为第一款品牌手机 Ascend P1 为代表,阐述战略定位的过程和方法。第三章通过还原多款产品的试错过程,解析华为在战略执行过程中对待问题、错误的态度,以及应对办法。战略不是一条线走到底,而是在不断修正中向前行。第四章讲述了 Ascend P6 的产生,这款产品打响了华为手机的精品战略,在技术、设计、品牌等多方面取得突破,是为"破局"。第五章站在互联网角度,探讨华为为什么能够在复杂的环境中踩准时代节奏。第六章聚焦 Mate 系列产品,这一系列的爆发是华为终端不断升级精品战略的成果。第七章,详谈华为海思芯片,这是终端战略的一大重要布局,它不仅与手机产品紧密相连,而且连接着终端的未来发展。第八章探讨手机之外的华为终端,在未来,终端产品将围绕华为主航道,随着环境的变化而变化。

目录

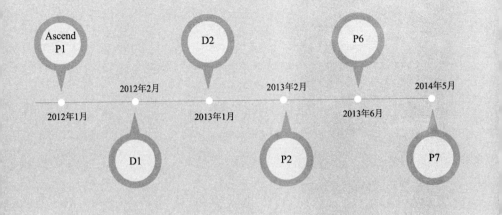

第一章

开局：生死战略

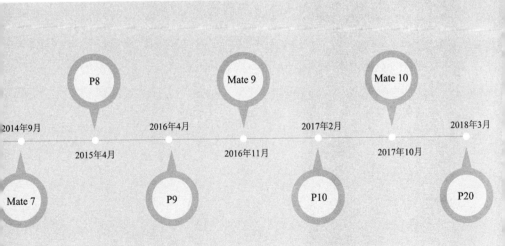

过去 30 年,华为主航道通信网络管道穿过企业网这一自来水管道,流到终端的"水龙头"。只要是水流过的地方,就是华为的主航道。

　　在前 20 年,华为的主航道只到达了企业网。直到 2010 年,华为手机终端这一"水龙头"的出现,才让主航道通信网络走进用户。

　　造一个小小的水龙头,看起来很简单,但对于华为来说,却并不容易。华为为什么要做这件事?华为站在哪里?谁领头,谁负责?华为需要坚持什么,放弃什么,警惕什么?……弄清楚这些问题再行动,可以减少许多不必要的麻烦,并能在关键时候帮助企业渡过难关。

终端风雨缥缈

　　印度客户把价格砍到了 50 美元!

　　拉美客户把价格砍到了 75 美元!

　　2009 年,任正非听到这些消息的时候,心里有些难受。华为手机若是继续这样下去,卖得越多,就会亏得越多。如果赚不了钱,终端业务还有什么继续的理由呢？运营商是我们的客户，我们要以客户为中心，但如果客户要我们亏本，华为是不会干的。

眼前一个个土里土气的白牌手机，没有品牌，毫无美感，配置低端，体验感为零，和山寨机没什么两样，让人越看越是窝火。此时，一个声音在耳边说：干脆别做终端了，又苦又累还没钱赚。给运营商做了10年的贴牌厂商，华为从来不靠终端挣钱，现在卖掉这个边缘业务似乎有利无害。

就在快要下决定的前一秒，被咬了一口的苹果跳入了任正非的眼中。

2007年，iPhone第一代智能手机问世，销量仅为136万台；2008年，iPhone销量增长了8倍，达到1163万台；2009年，iPhone 3GS推出，销量达到2073万台。更让人眼红的是，一台iPhone最低售价499美元，是华为手机的10倍之多。消费者宁愿买高价的iPhone，也不要运营商白送的华为手机，这着实让人心酸。

第一次看到iPhone时，诺基亚手机(见图1-1)轻蔑地说："这没有什么了不起的，它不过是现有技术的拼凑集合。"6年后，诺基亚退出了手机市场。而在中国，苹果已然非同一般。

"苹果救了华为。"任正非是这样讲的。爆发的苹果市场不仅拉动了智能手机的销量，而且几乎凭一己之力将世界从2G时代拽入3G无线互联网时代，这也无意中刺激了华为"管道"业务的增长。过去20年，华为一直致力于"信息高速公路"的布局，技术堪称一流，成为全球数一数二的大师。不过，如果没有终端"汽车"在上面行驶，公路修得再宽阔坚固，又有什么价值呢？

显然，华为需要更多像苹果这样的"汽车"。汽车越多，道路升级就会越快，利润自然不用担心。放眼望去，市场上能跑的汽车只有苹

图 1-1 2002 年,诺基亚推出第一款智能手机 7650,这款智能手机在当时创造了数个第一:第一款塞班系统智能手机、第一个滑盖手机、第一个五维摇杆手机

果,三星在 2009 年 7 月才推出了第一款智能手机,比苹果足足迟了 2 年。

对手少,前景可期,华为终端可以放手一搏。不过,这样想的企业不只是华为,大家几乎在同一时间有了做手机的想法,并且暗中做着准备。因此,两三年后,当华为真正踏进终端市场时,已是一片红海。

看见未来

无论企业有多大,风险总是如影随形。尤其对于精神高度警惕的华为来说,任何的风吹草动,都不容忽视。

2010 年 4 月,印度禁止进口华为产品;6 月,欧盟对华为无线路由器发起反倾销调查;7 月,华为首次进入世界 500 强榜单,引起外国机构警觉,造成华为海外收购接连失败。海外市场的变动,让人隐隐不安。

要知道,彼时华为一半以上的营收来自海外 2B(To Business,面向企业)业务,如果发生大动荡,后果不堪想象,华为必须找到抵御之策。既然某一面有危险,较可行的办法就是反向行之,形成对冲效应。那么,与海外 2B 业务相反的道路即是,从海外走回国内,从 2B 走向 2C(To Client,面向消费者),这恰好和终端业务的方向完全吻合。

内外环境和策略的变化,加速了终端业务的重造工程。

"我认为在终端上,我们创新不够,能力不够!"2010 年 12 月 3 日,任正非召开"高级座谈会",将自己近 2 年对终端的思考一一道出。会议最终定的主题为:做事要霸气,做人要谦卑,要遵循消费品的消费规律,敢于追求最大的增长和胜利。从问题出发,把控趋势,再到风险分析,以及内部战略,一应俱全。这场会议为迷茫中的终端,找到了对的方向(见图 1-2)。任何时候,方向不能错,一旦错了,全盘皆输。

遵义会议	会议前	会议后
产品	低端手机	高端手机
市场	无品牌	自主品牌
用户	运营商	消费者

图 1-2　会议后,华为终端在产品、市场、用户重心上的转变

任正非提醒华为高层和手机终端公司的骨干，华为要在手机终端领域做全球第一是需要漫长的时间积累的，这个时间可能是 10 年甚至更长，应准确地认清自己，做好阶段性的目标定位。同时，应大幅增加在手机终端上的研发和品牌投入，至少在预算和投入上胜过竞争对手。

这次会议的召开，就是要在华为公司确立一个共识，即在华为内部，终端公司与运营商管道业务、企业网并列成为公司三大核心业务，形成三分天下的格局。终端的发展将对华为未来，以及盈利的实现起到至关重要的作用。

在新业务执行过程中，一定会出现诸多不可预测的困难。当问题发生时，这一共识就会发挥作用，它能让组织找到更好的办法来解决问题，而不是互相推脱责任或对问题不闻不问。在这次会议上，任正非果断地打开了一道门，让终端看见了未来。

趋势：时装时代

如果回到 2010 年，当你看到 iPhone 4 带着巅峰的颜值问世，俘获了无数为之疯狂的粉丝时，你会想到什么？

任正非想到了时装，他断言：手机会时装化。两种看似毫无关联的行业，在任正非的比喻中变成了同类。现在看来，他说对了。

首先，时装是一种流行，变化迅速。今年流行红色，明年可能是绿色，后年可能是灰色。即便是走复古风，10 年前的喇叭裤和现今的喇叭裤也肯定有很大不同。手机也是一样，今年流行金属机身，明年可能流行超窄边框，软硬件要素可以成为经典，但款式绝不能雷同。而且，时装并不仅仅意味着外表漂亮，也包括功能和性能，这是一个整体打造工程。

彼时，一台电视用 10 年的消费观正在成为历史，消费者的时尚意识已经觉醒，人们追求更潮、更新、更酷。诺基亚手机摔不坏的时代即将过去，iPhone 极致创新的风潮已然来临。为了体验苹果的智能感觉，人们把用不坏的诺基亚放到了一边。这也许是很多人第一次"丢掉"了完好无损的手机。

其次，用户个性化特征显著。男人有男人的服装，女人有女人的时装，有的人喜欢裙子，有的人喜欢短裤，个人需求五花八门。对于手机的喜好也同理，不同年龄、性别、审美的人喜欢的手机是不同的。若想满足更多消费者的需求，就要生产多种款式，但每款的产量又很小。对于习惯于标准化批量生产的大公司来说，这是个不小的挑战。

任正非认为："如果做法国时装品牌，就要在法国，有法国人参加；要做美国型的，就在美国做；要做多姿多彩的，要在拉丁美洲。产品规划部门要分散建在主要客户所在的地区。如果中国人包打天下，会一败涂地。我们要从依靠中国人打天下的时代，改为依靠网络对全球提供支持和支援，这样才可能胜利。产品设计一定要贴近客户，而不是闭门造车。"

无论是通信业务，还是终端业务，华为衡量成功的标准都只有一条——让客户认可。谁也不会白白为你付费，所以华为才提出了"以客户为中心"的核心价值观。为客户提供优质的产品、服务，为他们创造价值，才有可能让他们心甘情愿地把钱给你。

过去，B 端大客户毕竟数量有限，华为尚且能做到细致入微的一对一服务。如今，如果要为庞大的个人消费者群体提供一对一的服务，是否可行？如何实现？苹果通过 ID 注册，基本实现了一对一的用户管理。那么，华为该怎么做？

最后，依赖品牌价值。法国是时尚之都，那里的时装不仅材质好、品质高，而且设计精美，有文化积淀，也有美学理念，这些附加值，就是品牌的溢价能力。由此，品牌手机的价格可以是无品牌手机的 n 倍。

任正非留给参会高管们的问题是：在时装化的时代，我们怎么确定客户需求？我们怎么入口？解决这些问题，肯定需要改变。比如说，以前华为从不做品牌，也不做渠道，节省的成本费用就转化成了利润。但在消费者市场，节约品牌成本，并不会提高销量，更不会创造更高的利润。如何把握品牌、渠道、销量和利润之间的均衡，需要认真思考。

均衡思想，一直存在于华为内部。整个公司，或者说具体业务表现总会给人这样的感觉：说不出哪里好，但是整体感觉又不错。这样的感觉，也体现在随后的终端业务发展中。当你想到华为手机的时候，或许无法立马总结出它们到底有什么共同的鲜明特质，但你又不能否认，它是成功的。

人们总想学华为，却又找不到一两个特别突出的项目。实际上，与其学习华为的战略、文化、管理、经营，或者是产品、技术、服务、工具，倒不如研究一下华为是如何平衡各方关系，做到取舍有方的。很多时候，找到感觉比找到技巧更重要。

内部战略："端管云"协同

在 3G 时代，华为差点因为快一步而早死。

1995—2001 年，按照"高投入、高产出"的做法，华为在 3G 研发上投入了 1/3 的研发力量，终于攻克 3G 技术。但国内的 3G 牌照却迟迟不发，没有牌照，就没有市场，巨额的投资无法回本，压力可想而知。

10 年后，任正非在一篇文章中写道："2002 年，公司差点崩溃了。

IT泡沫破灭,公司内外矛盾交集,我却无力控制这个公司,有半年时间都在做噩梦,梦醒时常常哭。每天10多个小时以上地工作,仍然是一头雾水,衣服也是皱巴巴的,那真是一段内外矛盾交集的时期。"

少有人知的是,此时的任正非还在失去母亲的痛苦中煎熬。同一时期,华为的核心技术班子集体被挖走。海外市场上,思科起诉华为侵犯了其产品知识产权。外界满是唱衰华为的声音,人们不断"讨伐"任总豪赌3G研发的错误。不久之后,从未倒下过的任正非患上抑郁症,还因癌症动了两次手术……

2002年,华为在不得已之下,只好到欧洲开辟业务,和成熟的外国企业抢市场。那时候,华为做梦都想拿下一个订单,绝不放过任何一个可能的机会。只要听到任何地方有3G项目,任正非即便是在病中也会马上飞过去。

在最终结果没有出现之前,都有可能出现转机。怀着向死而生的决心,华为硬是撞开了海外市场。世界上优秀的企业,无一不是拥有强大的意志力。不够坚毅的组织,一定会被淘汰。而活下来的企业,必将经历更大的磨砺。

苹果iPhone问世时,华为刚理顺了内外部问题,撬开了海外3G业务的大门。任正非说苹果救了华为,是因为在2007年后,iPhone风靡全球,倒逼网络升级,从而让华为的3G通信业务大放异彩。

险些因超前而丧命的华为认识到,终端、管道和云这三种能力原来是唇齿相依的关系。3G业务的危机原因在于,超前地研究了技术,却差点没有等到应用市场的出现。如果应用市场一直不出现,企业可能会被拖累致死。在现代,只有那些敢于迎接正面市场营销挑战的企业,才更有可能建立起商业基础,占领高端市场,最终取得成功。

在华为的业务构架中，以手机为代表的消费者业务是为终端，运营商网络业务提供管道服务，企业解决方案以云能力为主。同时，前两大业务中也包含了云能力。如果终端的使用者要到达云，就一定会从管道走过。走的人越多，管道就要修得越宽，云上的信息也会越多。如果人们在终端和云之间频繁活动，就一定会拉动管道的拓展。

在功能机时代，人们很少联网，基本靠本地存储就能满足信息需求，所以在管道上走的人不多。到了智能机时代，终端的一切都需要联网到云。人们必须在管道上通行，他们想要开车，更想坐飞机，还想乘火箭，总之越快越好。这时，终端、管道和云之间的运转变得通畅。

任正非认为，华为将来会转变成很大的软件公司，但软件摸不着，就要靠手机终端把软件体现出来。消费者拿到手机一看，里面好多软件，这就成了。所以，终端公司在未来的网络中有很重要的战略地位，要真正和运营商管道业务、企业网一起三分天下。

随着"端管云战略"的出台，手机终端公司在华为内部资源和支持不足的现象，将得到彻底改变。比如增加研发投入和人力投入，增强各部门联动。任正非直言："我认为公司对终端市场的响应是不够的。比方说，2012 年巴塞罗那展会，有人拿我们的手机，但接不进我们的云。在我们内部，有这么大的部门，怎么会连不通呢？我就觉得奇怪。要好好想想，我们的战略是什么，怎么才能胜利。"

可以说，确定端管云战略是任正非送给终端的一份大礼。作为管理者，他不会去研究产品设计方案，或者去做市场规划。他要做的，就是做好终端公司的顶层设计，拔高它的战略地位，提供足够的资源支持，让终端有更大的发展空间和竞争优势。

一个新业务是否成功，与企业的资源分配密切相关。那些得到了足够资金、人力、流程支持的项目,成功率更高。一个连领导人都不看好的业务,最终必然失败。有了公司高层的战略支持,终端公司才有可能脱胎换骨,从一个角落里的不起眼的丑小鸭,变成翱翔天际的雄鹰。

风险:绝不倒在库存上

管理库存,是消费品行业的重要课题。库存管理有方的企业,比如沃尔玛,就能够享受低成本、高利润,手机行业也是如此。而且随着手机越来越时装化,产品变化迅速,如果库存管理失败,带来严重的积压,就会造成巨大浪费。

"库存可能会构成最终的死亡,可能一次或两次库存过大企业就死掉了。"任正非在2010年的"高级座谈会"上提出了手机市场的最大风险,也是最容易犯的错误,他提醒大家要去研究怎么缩短供应周期,怎么增强供应柔性,怎么做到积极响应。

有可能的情况是:产品销量低,但没有库存,那还不至于亏损太大;如果销量不佳,又产生了库存,那么离"死"也就不远了。所以,宁可要成长慢一些,也不要库存。对于终端来说,库存就是一种"赌注",我们要用尽可能小的赌注,去博取尽可能多的利益。

华为是一个怕死的企业,华为所做的一切,都是为了活着。活下去,既是华为的最低战略,也是华为的最高战略。因此,做任何事情都要优先考虑生死问题。华为唯一不能犯的错误,就是那些会让企业死掉的错误。也许很多人认为库存只是一个小问题,不足挂齿。但在任正非看来,这是最容易打死终端的问题,也是最有可能发生的致命性错误,必须提前预警,常记在心。

华为在这个世界上并不是什么了不起的公司,唯一的坚持就是活下来。有很多公司怀揣着拯救世界的梦想,高喊着华丽的口号,拥有着崇高的理想,然而没过多久,市场上就再也看不到它们的身影。在通往理想的道路上,它们一个接一个地夭折了。

反观华为,一路高喊的只有三个字:活下去!无论何时,这都是最紧急的问题。因为只有活下去,才见得到理想。那些轻视生存的企业,最终都会受到命运的惩罚。那些认为活下去很容易的企业,最终只会消散在历史的长河中,成为过去。

1602年3月20日,荷兰东印度公司(Dutch East India Company)成立。这是全球第一家具有现代意义的公司。也就是说,现代企业生存也就400多年,现在最老的公司也就200年时间。每时每刻,都有无数的企业倒下去,也有无数的企业站起来。生命是脆弱的,能够基业长青的企业一定对生命足够敬畏。

任正非认为:"企业要一直活下去,不要死掉。一个人没本事也可以活到60岁,但企业如果没能力,可能连6天也活不下去。如果一个企业的发展能够符合自然法则和社会法则,其生命可能达到600岁,甚至更长时间。"这段辩证的话,透露出华为对待生命的姿态。

以终为始,用户第一

在印度尼西亚,面对着海啸与地震,华为员工冲上去抢修通信设备。

在日本,面对着大地震、海啸和核泄漏,华为员工穿着西装,打着领带正常上班。客户评价说:华为是一家值得信赖的公司。

在智利发生8.9级大地震时,客户因为地震而中断了业务,紧急向代表处求助,希望派工程师协助他们恢复灾后通信。华为员工毅然前往,协助客户恢复通信。设备安全运行后,他们又冲向了地震核心区……

华为存在的唯一理由,就是为客户服务,而这也是世界上所有优秀企业的共识。为了活下去,必须紧盯客户,满足客户需求。30年来,华为坚持"以客户为中心""以奋斗者为本"的经营哲学,克服重重苦难,努力长成了一棵参天大树。如果没有客户,华为将一事无成。

以终为始,强调凡事先想清楚目标,再通过不断调整,努力将其实现。在华为,就是要永远以客户需求为始点,以满足客户需求为终点,用尽力量服务好客户。以客户为中心,是华为做事的目标,也是华为坚定的文化信仰。30年日复一日地坚守,华为做到了知行合一。

能够影响或者决定未来发展的从来不是高层管理者,也不是内部员工,而是用户。公司的业务方向、产品研发、市场营销,以及人员配置、流程设计等等,所有的一切都是以客户为中心。达到一个方面并不够,只有整体联动,才是真正做到以客户为中心。

那么,华为的用户究竟是谁?在2B业务时代,华为的客户是大大小小的运营商。华为终端2011年之前的口号叫作"伙伴、定制、价值,为客户定制更好的手机定制服务"。那时候,运营商客户需要成本低、价格低的手机产品作为礼品回馈C端消费者,因此华为才生产了大量低端手机。

这种做法的直接结果是,手机出货量虽然增长了,品牌却丝毫没有建立起来,甚至让消费者以为华为是一个生产低档产品的品牌。不得不承认,华为在满足B端客户需求的同时,牺牲了消费者市场需求,这实在算不上是最佳选择。

2011 年年底,华为在"三亚会议"上提出"华为终端产业竞争力的起点和终点,都是源自最终消费者",由此果断决定不再做运营商定制服务,转而进军消费者品牌业务。从这一刻开始,华为保持了 30 年的客户结构第一次发生了变化。

一个在企业客户经营上出类拔萃的公司,能否把个人消费者照顾好?很多人并不看好。事实也证明,B 端市场和 C 端市场存在天壤之别,曾经在 B 端市场的成功经验,完全无法复制应用在 C 端。

变的是方法,不变的是"以客户为中心"的核心精神。只是在新的环境中,"客户"一词被"用户""消费者"所替代。当个人消费者成为华为服务的客户,华为下一步该怎么做?

终端在往后走的每一步,都在反复自问:"是否做到以最终消费者需求为出发点?""我们的产品是否能真正引起消费者情感上的共鸣? 还有多少改进空间?""组织结构是否需要调整?""人员配置是否合理?"……所有问题的出发点和终点都是用户。永远不能忘记以终为始,不能忘记根本。

终端"出世",三分天下

为了活下去,华为必须改变。首先被"动刀"的,就是终端组织结构。

"高级座谈会"后不久,华为将旗下所有面向消费者的业务,如手机、其他终端设备、互联网以及芯片业务整合在一起,组成了消费者

BG(Bussiness Group,业务集团,简称 BG)。消费者 BG 向下继续划分为华为终端公司、终端云业务部、消费者芯片(海思的一部分)三部分。其中,终端公司又划分为手机、MBB(Mobile Broadband,移动宽带业务,主要是上网卡等,简称 MBB)、家庭终端等三块业务。

至此,不管是在思想战略层面,还是组织层面,任正非都说到做到,将终端公司地位提升到了与运营商网络 BG、企业 BG 同等的位置。

大企业和小企业做事风格很不一样,小企业如果要做调整,往往是从产品下手,而大企业则要从战略和组织管理出发。只有把控住大方向,才能保障后期运行顺畅。组织的作用,是为了让战略能够发挥理想的作用,为战略执行提供支撑。如果没有组织,企业的战略就无法落地,那么就生产不出好的产品,也无法很好地将产品营销出去,让顾客买单。

在企业变革中,组织这一关必须得过。这和生物进化论是一个道理,在自然演变时,当外界环境发生很大变化时,如果一种生物还用原有的形态生存,那么它一定会灭亡。因此,作为新成立的组织,消费者 BG 承担了变革重任。

如何支持战略实现?新的组织如何适应新的战略变化?如何克服旧组织的惯性?如何建立有效的考核和激励办法?这些是每一个面临变革的组织必定会面临的问题。

变革最需要的,无疑是一支强大的团队。如果不干活的拿得不少,拼命冲的人拿得不多,那就证明组织激励有问题。只有让拼命的人拿到更多的钱,才能刺激人才往前冲,去攻克重大任务。一个大项目能否完成,与人才激励体系直接相关。

任正非提出,终端里面要敢于使用新人,终端没大家想象的那么复杂。中基层干部要以会做事的人为中心，那些会做人不会做事的人整天不断地去沟通、开会，最后还是糊里糊涂的。会做事的人一上来，就要去研究好怎么"打仗"；会做人不会做事的，也不是一无是处，让他们去做内外沟通。只要做到人岗匹配，就有希望战胜困难，迅速打开局面。

选对的人，做对的事

一群欧洲的绅士正在屋里玩桥牌，气氛非常融洽。突然，一个黄皮肤的中国人闯了进来。他把桌子一掀，睁大双眼对着满脸惊愕的玩家们说："来，我们重新玩！"这个破门而入的中国人名叫余承东，他曾是华为欧洲片区总裁(见图 1 - 3)。

图 1 - 3　华为终端公司董事长余承东

这个虚构的场景是余承东一手率领的华为 3G 业务团队在欧洲孤军奋战的反映,他带领团队成员一路披荆斩棘,指挥这支狼性团队从弱小到成为世界第一的每一场战役。

当然,余承东不曾掀翻桌子,他只是胆大,不按常理出牌。更难得的是,他虽然个性独特,但又是一个典型的华为人。1969 年,他出生于中国安徽省六安市的一个小县城霍邱,自小勤学踏实,成绩优秀。

余承东曾在西北工业大学念完了本科,后考入清华大学攻读硕士学位。1993 年,他抱着试一下的心态去华为找工作,那时候,华为也才刚成立 5 年。没想到,他进了公司就再也没离开过,成了一名"老牌"的华为人。

他受过生活的磨难,吃过苦头,又有着不灭的雄心壮志,迫切地想要改变命运,具有这类品质的正是任正非最为欣赏的华为人。近20 年时间里,余承东历任华为 3G 产品总监、无线产品行销副总裁、无线产品线总裁、欧洲片区总裁、战略 Marketing(市场营销)总裁等职务,得到了极大的锤炼。更重要的是,他和华为的价值观一致,崇尚艰苦奋斗精神,相信一切皆有可能。

在华为终端业务重新起航之时,任正非"罢免"了余承东欧洲片区总裁的职务,把他调回国内,把新成立的消费者 BG 交给了他。在任正非眼里,消费者 BG 这个"坑"就该种余承东这根"萝卜"(见图 1 - 4)。

余承东敢说敢做,个性高调,适合需要建立品牌的终端业务。如果换一个内向低调的人,恐怕很难一炮打响。任正非曾说:"就让'余疯子'(余承东)搞黑与白去,我们多点灰度,不正好和他对冲一下。"这番评价,无疑是将余承东排在了"灰度"之外,意即余承东敢于冒

图 1-4 广东惠州，消费者 BG 团队战略研讨会合影（芮斌提供）

险，不轻易妥协，干劲大，敢于挑战，这正好是消费者 BG 战队最需要
的"将军"。

变革过程充满变数，如果没有一位对的领导者，想要夺取胜利绝
无可能。用对人，才能打好仗。余承东的上任，为消费者终端的转变
拉开了序幕。他即将面对的，是另一场更加残酷的硬战。

从表面来看，在华为终端正需要领队人的时候，余承东适时出现
了。但实际上，余承东绝不是偶然出现的。一个企业，如果在用人之
际才到处寻找人才，或者才开始培养人才，那就太迟了。

在华为，管理人员基本都会经历跨部门、跨业务的锻炼。一个研
发能力很强的员工，或许会被派到某个市场去管理销售。一个擅长
财务的管理者，或许会被调到人力资源部门。从余承东的简历中，我
们能够清楚地看到华为培养人才的路径。越是高位者，业务的融合
程度越高。

20 世纪 80 年代，IBM 最伟大的首席执行官之一约翰·埃克斯
(John Akers)曾说："想让一个组织保持最大的活性，就是让所有人都
流动起来。"通过一次次离开舒适区，华为炼成了"万能"队伍。华为

培养的不仅是人才的专业技术能力，而是他们面对变化的应对能力。这样的能力，让人才在每一次动荡中能快速找到安全感，投入新的战斗中。如此，华为的人才晋升路线不是陡峭的直线或者梯形，而是平稳起伏的"之"字形结构，能够帮助变动中的组织和人才在不舒适中重新找到舒适。

天才离世，时代转折

华为"三亚会议"举行时，全球科技界正弥漫着悲哀的气息。

2011 年 10 月 17 日晚，美国斯坦福大学，美国前总统比尔·克林顿(Bill Clinton)、微软董事长比尔·盖茨(Bill Gates)、甲骨文首席执行官拉里·埃里森(Larry Ellison)等名人身着黑色衣装陆续抵达，他们将共赴一场追悼会。

空气有点微凉，大学教堂内散发的烛光照亮了整条大道。不一会儿，教堂内传来 *Every Grain of Sand* 的歌声，这是鲍勃·迪伦(Bob Dylan)的经典作品，也是乔布斯生前最喜爱的歌曲。

12 天前，苹果失去了一位有远见和创意频出的天才，世界失去了一位出色的人才。乔布斯在与胰腺癌抗争了长达 8 年之后，于 10 月 5 日在家中逝世，享年 56 岁。世人认为，乔布斯的创新改变了整个科技产业的面貌，他的产品改变了整个世界的沟通方式。

逝者已矣，生者如斯，地球不会因为"乔帮主"的离开而停止转动。就在乔布斯离世的前一天(2011 年 10 月 4 日)，苹果公司推出了 iPhone 第五代产品——iPhone 4s，卧病在床的乔布斯坚持看完了这一场新品发布会，这也是他个人生命中的最后一场苹果新品发布会。

iPhone 4s 创造了新的苹果神话。iPhone 4s 不仅仅是 iPhone 4 的升级版，更是一次超越。它不仅有强大的硬件基础，而且推出了全新的 iOS 5 系统，代表苹果从拼硬件时代迈入了拼体验的时代。当安卓手机忙于拼硬件时，苹果用 iPhone 4s 告诉市场，多余的参数并没有多大的意义，体验才是真正的王道。

乔布斯的离开，也成为全球智能手机格局变化的转折点。从这一代开始，苹果超越了诺基亚，成为全球最赚钱的手机厂商。而就在这一年，中国诞生了一位"雷布斯"，他带着小米手机，点燃了国内粉丝的全部热情，势头一度盖过苹果。带着"为发烧而生"的梦想，第一代小米手机在粉丝的千呼万唤中揭开了面纱，成为第一款只在网上预订下单的手机产品。

粉丝的尖叫声和 790 万台的销量，证明小米手机开了一个好头。这年 11 月，vivo 发布智能手机 vivo V1，支持 SRS(Sound Retrieval System，声音恢复系统，简称 SRS)音效，音乐手机概念深入人心。之后几年，它将和另一品牌 OPPO 一起，俘获国内二三四线城市众多女性用户的芳心。

义无反顾，跳入红海

随着乔布斯的离开，功能手机也慢慢退出了历史舞台。

2012 年，谷歌公司完成对摩托罗拉公司的收购。功能手机界的一代霸主关闭了它在世界多个地方的制造工厂，宣告彻底完成手机生产和制造业务的剥离,未来专注于智能手机硬件设计、移动体验创新与品牌经营。

另一个曾经引领风潮的巨头诺基亚,宣布停止更新塞班(Symbian)系统,意味着功能手机即将谢幕。为了应对市场,诺基亚公司选择联合微软,推出第一代 Windows 8 系统手机 Lumia 920,但市场反响不尽如人意。

旧人离场,新人绽放。智能手机市场犹如散发出香甜气味的蛋糕,让每个人都忍不住想去尝一口。不管是国外还是国内,人们几乎在同一时间看到了这块蛋糕。各家蠢蠢欲动,铆足了劲准备出击,华为正在其中。

苹果公司新任首席执行官蒂姆·库克(Timothy Donald Cook)发布了 iPhone 5,"果粉"们热情不减,全球抢购热潮持续升温。这一年,已是 iPhone 发布的第五年,苹果将其他对手远远甩在了后面。能够与之较量一番的,只有韩国的三星。

根据市场研究机构 Strategy Analytics(SA)的数据,苹果智能机2012 年市场份额同比小涨 0.4%,至 19.4%;三星智能机份额从 2010年的 19.9%增至 30.4%。另据分析网站 Asymco 分析师霍勒斯·德迪(Horace Dediu)的数据统计,苹果和三星占据了手机厂商利润99%的份额。

国内手机市场,亦是热闹非凡。

小米公司发布 MI2,创造出 2 分钟卖出 10 万台的神话,总销量破千万台;vivo 手机创建 X(巅峰)系列,发布当时世界最薄手机 vivoX1,定位为音乐手机,成为年轻人的时尚选择;联想在 2012 年 6 月创出了国内智能手机市场份额的历史新高,成为中国手机市场第二大品牌,这也是联想手机最辉煌的一年。

　　一夜之间,智能手机由蓝海变成一片红色。对手们似乎都轻松地打响了第一炮,获得了消费者的赞誉,被称为"老大哥"的华为却有些落寞。无疑,在众多新生的手机厂商中,华为的年龄最大。过去,它的竞争对手都是像思科这样的大企业,而这一次,它要和一群年轻人抢天下。而无畏无惧的年轻力量,才是最可怕的。

　　2012 年,华为使出浑身解数,推出自认为设计超一流的第一款高端手机——Ascend P1,销量却不到一百万台。相比小米破千万台的销量,华为的出场表演实在令人忧心。但这似乎也在意料之中,自华为诞生到现在,从来没有享受过突然降临的幸福。它的每一次成功,都饱含着长久付出的汗水和泪水。对于华为来说,没有偶然的幸运,只有比别人吃更多的苦,方才能离梦想更近一点。

　　小企业失败,可以立马掉头重来。大公司若是受到重创,很有可能一蹶不振。诺基亚、索尼的陨落让人看到,老大哥若是战败,就会受人嘲笑。刚跳入这片红海的华为,会成为下一个诺基亚吗？这一切是刚刚开始,还是已经结束？

　　2012 年,人类从世界末日里"重生",时代则给新生的华为手机留下了一个大大的问号。

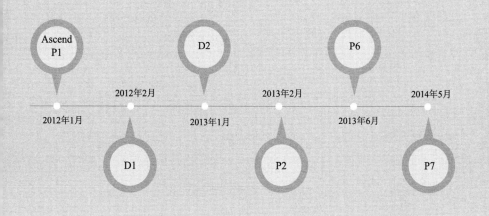

第二章

定位：在不确定中寻找确定

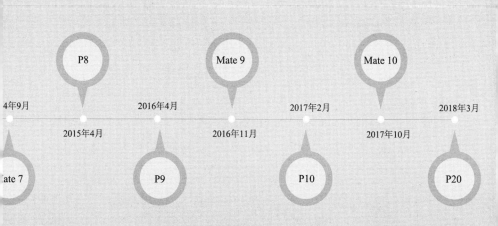

试想一下这样的情景：你的面前有一个漆黑的隧道，从外往内看，能够感觉到尽头透着一点点亮光。但实际上，你并不确定穿过隧道是否就能见到光明。在另一头，等待你的可能是碧海蓝天，也可能是悬崖峭壁。更让人担心的是，你不知道隧道里面有什么，如果有野兽怪物，你能击退它们吗？

　　唯一确定的是，你的目标是穿过隧道。然而，面前有太多的不确定，让人踌躇万分。2012 年，华为终端就在这样的情景里面，抬腿迈出了第一步。成功，从来不是从顶层设计来的，而要从底层一步步走出来。华为向来强调底层创新，重视在一线摸着石头过河，确保在稳妥中探索前进。

　　在华为决定做终端市场的那一刻，不确定性就降临了。只有行动起来，才有可能打消不确定性。走得越久越远，就越有可能找到通关的方法，顺利地走向光明。没有谁愿意在第一步就失败，如果迈出去能够活下来，那就还有希望。因此，即便一无所知，也要用尽办法做好准备。不求万无一失，但求不被打倒。

两大不确定因素

没有市场规模数据,没有利润收益数据,也没有成本预测数据……没有任何精准的调研报告,华为终端就投入了战斗中。

这是因为,消费者市场对于华为来说是一个全新的领域,没有任何可以依靠的成熟数据。一方面,公司此前没有做过消费者市场,而运营商定制业务的数据,参考价值不大。另一方面,即便是已有的行业数据,也只是一种参考。

比如,一份来自华为 150 个国家销售一线的报告显示,未来的主流产品应该是这样的:4 寸屏幕,1G 的 CPU 主频,1500 毫安的电池容量,10 毫米的厚度,500 万像素的摄像头,而产品售价在 2000 元以下。显然,这份 B 端数据,对 C 端市场毫无用处。如果误信,就可能导致大错发生。

任何创新业务都是未知,而未知就意味着不确定性。来自杨百翰大学(Brigham Young University)的两位教授内森·弗尔(Nathan Furr)和杰夫·戴尔(Jeff Dyer),一位是创新与创业学研究者,一位是战略学研究者,两人在合著的《创新的方法》一书中提到,影响公司客户创造能力的不确定性有两种:一是需求不确定性(Demand Uncertainty),即客户是否会购买;二是技术不确定性(Technological Uncertainty),即我们能否提供理想的解决方案。

华为终端刚好就遇见了这两大不确定因素。

硬件时代，以薄为美

杰弗里·摩尔(G. A. Moore)在《跨越鸿沟》一书中提出，产品最初的用户通常是创新者和行业内的早期采用者，他们只会根据功能性来做选择。在这一阶段，性能最好的产品能够享受较高的溢价。

这一论断，与手机产品的发展轨迹恰好吻合。2010 年，iPhone 4 的发布掀起了手机市场拼硬件的时代，也就是功能时代。这款手机首次加入视网膜屏幕，有着 960×640 的分辨率(是 iPhone 3GS 的 4 倍)；相机像素提高至 500 万，另配有 30 万像素的前置摄像头、后置闪光灯，1GHz(千兆赫兹)的处理器……在当时来看，每一个配置都堪称惊艳。

与之相比，2010 年诺基亚推出的 N8 新机，使用塞班系统，处理器极慢，这样的配置和 iPhone 4 完全不在一个量级。再看三星，同一年推出了首款智能机 Galaxy S1，屏幕有 4 英寸，分辨率仅为 800×480 像素，敌不过苹果。再比如，安卓系统的舒适感和流畅感都无法和苹果的 iOS 相提并论。

不管是外形设计，还是硬件配置，或者用户体验，iPhone 都在业内遥遥领先。这样的高配置手机，似乎没有理由不受欢迎。不过，这也给许多追赶者造成了误解，大家以为手机就只是拼硬件，谁的硬件第一，谁就能成为第一。当然，市场会告诉他们，只有硬件是不够的。

2012 年，华为推出第一款高端手机时，智能手机市场仍处于功能性竞争阶段。也就是说，想要让用户看见你，硬件装备就要够强大。

我们知道,手机有很多硬件参数,比如像素、分辨率、电池耗能等等,但并不是每一种都会成为竞争重点要素。想要在第一款手机就把所有配置做到最佳是不可能的,因此,必须从众多硬件要素中,找到一个或者几个重点要素,使其能够成为吸引用户的独特卖点。

问题的关键是,用户到底最看重哪一个要素? 重点攻克哪一个硬件,才能让市场惊讶得倒吸一口气呢? 这就好比押宝,如果押对了硬件要素,打胜仗的概率就更大。当然,这并不容易。何况华为本身对终端用户偏好和行为了解太少,这给确定用户需求大大增加了难度。

为了挖掘出客户内心的真正需求,华为鼓励设计师们到人潮涌动的咖啡馆、地铁、大街上去观察消费者的购买行为,去看看他们喜欢喝什么饮料、买什么衣服、对什么商品感兴趣。想要设计出好的作品,设计师就必须比消费者还懂他们的需求。

任何新市场的发现都是伴随着观察,而不是聆听。因为在没有成熟产品的条件下,消费者自己也说不清楚喜欢什么。产品设计者必须深入人群中,去观察他们为什么购买。人们喜欢的任何物品,都可能给设计师带来灵感。直接近距离观察消费者,是获取新市场第一手信息的最佳办法。

除此之外,比较可靠的做法,就是借鉴前人的经验,站在既有市场的基础上,研究手机产品的新趋势。这也是红海市场与蓝海市场最大的不同之处:在红海中,人们知道产业的界限和竞争规则,也有比较充足的参考信息;而蓝海是尚未建立游戏规则的市场,供借鉴的有效信息极少。

于是,通过对现有手机市场的观察揣摩,华为终端捕捉到了一个细节:

2009 年,iPhone 3GS 机身厚度 12.3 毫米。

2010 年,iPhone 4 厚度仅有 9.2 毫米,相对于 iPhone 3GS 变薄了 25%;同期推出的三星 Galaxy S1 厚度为 9.9 毫米。

2011 年,iPhone 4s 机身厚度 9.3 毫米;三星 Galaxy S3 厚度 8.49 毫米,以“世界上最薄的手机之一(2011 年)”为重要卖点。

苹果手机和三星手机的热销证明,更轻更薄,已然是手机的重要趋势。薄,成为一种时尚的表现,而且市场对于薄的追求还没有饱和,存在继续前进的空间。基于此,华为在用户需求的不确定性中找到了一个稳定点——超薄,并设定了目标值:机身厚 7.69 毫米,以求达到“世界最薄”。

想象很美,现实冷酷

1884 年,法国议会决议,为了庆祝法国大革命胜利 100 周年,巴黎将在 1889 年举办世博会。为了吸引参观者买票,法国政府决定修建一座漂亮的高塔。在 700 个建筑方案中,官员们最终选择了桥梁工程师居斯塔夫·埃菲尔(Gustave Eiffel)的作品设计。

1887 年 1 月,高塔破土动工,但很快遭到当时一些文化艺术精英的反对,法国著名文学家莫泊桑、小仲马等都签订了《反对修建巴黎铁塔》的抗议书。人们反对铁塔的理由千奇百怪,比如外观太丑、钢铁构造令人厌恶、容易倒塌、建造的铁架正在下沉等等,还有人认为它的出现会掩盖巴黎圣母院、罗浮宫、凯旋门的光芒。

埃菲尔力排众议,始终坚定自己的信念。他在勒瓦卢瓦工地上搭起巨大的“积木”,精确度几乎高达 1/10 毫米,仅铁塔的设计图纸就有 5000 多张。

1889 年,这座铁塔准时竣工。它并没有在修建过程中倒塌、下沉。它由很多分散的钢铁构件组成,看起来像一堆模型的组件,却呈现出工业艺术的极致美感。它总高324米,有18038个钢铁构件,重达10000吨,施工时共钻孔700万个,使用了1.2万个金属部件,用铆钉250万个,底座柱体倾角54度……更神奇的是,因材质关系,铁塔的形状会随着气温的变化而变化,呈现出早中晚不同的景观。①

按原计划,铁塔将在世博会后被拆掉,但它的精致和惊艳让世人舍不得"杀死"它。为了感谢和铭记居斯塔夫·埃菲尔,人们将铁塔命名为"埃菲尔铁塔",并赋予它"铁娘子"的昵称。埃菲尔铁塔经历了从被质疑到被肯定的过程,它不仅身躯"钢"强,还融入了工程师的刚毅精神。

130年后,一群同样想从质疑中寻找肯定的华为手机工程师,从埃菲尔铁塔中找到了灵感。对于华为来说,设计第一款手机的难度,不亚于建造一座埃菲尔铁塔,其中的技术不确定性和阻力亦是非常巨大。

面对机身7.69毫米厚度的硬指标,华为手机设计师和工程师大呼这是异想天开。按照当时行业的设计制造水平,厚度9毫米以下的手机,对物料要求非常苛刻。而华为的能力极限是厚度11毫米,一口气"削薄"3.31毫米,简直是挑战不可能的事情。现实中的"三座大山"同时压到了华为终端身上,周围全是绝望的气息。

首先,华为现有的手机外壳结构件达不到这样的厚度,团队也几乎从未接触过此类工艺。

其次,出于成本及质量稳定性的要求,华为明确规定,只能从既

---

① 上午太阳在东面,东面铁塔温度比西面温度高,热胀冷缩,东面受热变长,所以向西偏斜。中午太阳在南面,南面热所以向北偏斜。夜间没有太阳,铁塔四面温度相同,与地面垂直。

有的零部件优选库选购,摄像头、电阻、电容、电池、电池连接器等莫不如此,但这些元器件不可能做出 7.69 毫米厚度的产品。

最后,设计团队从未有过设计制造全球顶级产品的经验。就算不计成本制造出来,消费者终端是否就会买单?谁也说不准。大家对产品设计、销售的信心不足。

就在大家一筹莫展之时,手机中的"埃菲尔铁塔"出现了。在八种手机设计方案中,有一款的创意来自"埃菲尔铁塔"。该款的设计师发现,借鉴埃菲尔铁塔侧面的倾斜弧度,就有可能实现超薄量产。因此,华为将第一款手机的品牌名定为"埃菲尔"。

确定初步设计模型后,五十几位顶级工程师被召集到一起,开始了 2 个多月的封闭开发。设计团队买回了超过 1000 部市面上的同类型手机,对其进行研究测试并逐一"拆机",观察它们如何变"薄",思考如何用更低的成本更有效地设计空间。

制造一款超薄手机最大的难点在于,它的全身上下每一个部件都要够薄,不然就无法呈现最终效果。工程师们要做的,就是将手机屏幕、外壳、电池、天线、芯片等配件组合堆叠到一起,修正偏差,保证超薄,既要美观又要高性能。

在华为日本研究所的助力下,电池器件外壳、镁铝支架、玻璃、屏幕等手机核心元器件都如愿变薄。然而,有一些硬伤还是难以克服。为了均衡质量与设计的关系,工程师对设计原型进行了局部调整。

但在这个过程中,"埃菲尔"的美感被无情地扼杀了。余承东看到"埃菲尔"样机的时候,不留情面地质问:"这是个什么东西,埃菲尔铁塔?"

推倒重来

巴黎第一高塔没有成为设计团队的"救世主"。谁都想要创造世界第一的技术,但不是谁都能成为世界第一。在条件不成熟的情况下,挑战技术极限实在不易。

没有丝毫妥协的余地,华为工程师们又开始了第二次设计研发。这一次,"埃菲尔"的代号被取消,新产品以 Ascend P 系列代称。在英文中,Ascend 代表上升、攀登,P 字母取自英文单词 Platinum,意为铂金,以显示其尊贵之感。

新一轮设计杜绝任何折中方案。从"埃菲尔"的失败中,华为总结了两条准则:ID(Industrial Design,工业设计,简称 ID)牵引硬件,UE(User Experience,用户体验,简称 UE)牵引软件。具体解释为,ID 设计师要考虑到后期硬件堆叠的技术瓶颈,一旦新的 ID 设计出炉,硬件工程师必须在既有的框架内完成硬件设计。一旦设计与技术冲突,后者必须服从设计。

在准则的约束下,类似元器件放不下,结构设计师就随意拉直弧线或加大手机厚度的做法再也不允许发生,硬件工程师只能在既有的框架内进行内部技术协作。比如,当天线工程师因空间不够无法实现信号强度时,他们不能像以前那样求助于结构设计师加厚手机,而是去求助电路工程师,要求其缩小电路板所占用的面积。

新的产品模型在设计和硬件之间找到了平衡。首先,Ascend P1

(简称 P1)的电池盖厚度比普通的薄 40％;其次,手机屏幕厚度仅 0.55 毫米,比传统的厚度降低了 20％以上;另外,尽管各部分空间极为紧凑,但天线、麦克风、电池等关键部位仍然拥有最大空间,使手机在极度瘦身的情况下能够保持优异的天线性能、音质体验和超长的使用时间。

做到超薄的同时,P1 又加入了窄边框设计。如果手机边框太宽,用户手握不太方便,而且难以单手操作。因此,机身薄,边框窄,背部曲线还一定要有弧度,这样的握感才最理想。

P1 设计研制成功后,华为团队又把机身厚度降低了 1 毫米,研发出 Ascend P1 S,机身仅 6.68 毫米厚。又经过了长达半年时间的高强度仿真测试和试制后,Ascend P1 和 P1 S 终于出炉。

对于首款高端智能机,余承东赞不绝口。他在微博高调表示:就连充电器、耳机、USB 线、HDMI 线等小附件,都是全球同规中体积最小巧的。这是华为把产品做到极致精神的体现。

努力不等于成功

2012 年年初,Ascend P1 在美国拉斯维加斯举行的国际消费类电子产品展览会(International Consumer Electronics Show,简称 CES)上首次亮相。余承东站在一块小小的讲台上,面对台下的国外记者们,用"余式"英文介绍了华为首款高端智能机。在演说中,他首先提到的就是 P1 最大的特点——"slim"(薄)。

2012 年 4 月 18 日,华为在北京国家会议中心举行了 Ascend P1

全球首发上市仪式。相较于在 CES 2012 的
露面,这次正式发布会华丽了许多,现场不仅
有开场舞,还邀请了高挑性感的国际模特做
产品展示秀。

　　7.69 毫米的超薄机身,重量 110 克,4.3 英寸
Super AMOLED (Super Active Matrix/Organic
Light Emitting Diode)屏幕,德仪1.5G双核、800 万
BSI(Back Side Illumination,背照式)摄像头、杜比
音效,有宝石蓝、兰博基尼黄、碳纤维黑和珠光
白四种颜色……这就是华为首款高端手机
Ascend P1 的样子(见图2－1)。

图 2－1　华为 Ascend P1

　　同期的三星 Galaxy S Ⅲ(见 2－2),是全球首款采用弧面屏工
艺的手机,拥有全新的塑料加工工艺,背面塑料后盖弯曲 120 度都不
会被折断,同时也有亮面金属拉丝纹路。另外,配备有三星 Exynos
4412 四核处理器、4.8 英寸 HD Super AMOLED 电容屏,分辨率拉高
到1280×720,机身厚度 8.6 毫米,CPU 主频为1.6GHz,后置 800 万像
素摄像头。这款机器也是三星首次推出多个色彩的机型,除了蓝色、
白色之外,还有红色、黑色、紫色等,选择非常多。

　　苹果在 2012 年 9 月发布 iPhone 5,虽然比三星、华为晚一点,但
丝毫不影响它的惊艳。在工艺上,苹果比三星更胜一筹,iPhone 5 采
用了蓝宝石材料,机身材料从双面玻璃换成了背部的航空铝材。这
些工艺,都代表了全球手机的第一次突破。至此,苹果在一体化金属
机身上的挑战中,又朝前一步。就外形来看,iPhone 5 方正规整,却
又闪闪发光(见图 2－3)。

图 2 - 2　Galaxy S Ⅲ

图 2 - 3　iPhone 5

可以清楚地看到,三星和苹果已经在拼工艺设计了,华为却花了1年多的时间研究超薄技术。遗憾的是,P1整体配置都不尽如人意,就连颜色种类也不敌三星。主打的"超薄"概念,也在半年后就被vivo X1以6.55毫米的厚度超越。

2012年一整年的时间里,余承东走到哪就会把P1宣传到哪,不管是在新浪微博还是接受媒体采访,他总在讲P1。他自己买了100多台P1送朋友,去欧洲时也不忘带一批给同事,让他们试用公司的手机,主动宣传P1。即便如此,Ascend P1全年仅卖出了50万台。相较之下,三星Galaxy S Ⅲ上市仅5个月就突破了全球3000万台的销量,iPhone 5在3个月内就成功销售了2740万台,可谓光芒四射。

凭借良好的产品表现,三星手机2012年总销量为3.846亿部,其中53.5%为智能手机,而苹果智能手机全年销量达到了1.3亿部。另据Strategy Analytics调研数据,三星手机以25%的全球市场份额超越诺基亚,成为第一;苹果也创造了全球份额8.6%的新纪录。

对手的强大,新竞争者的涌入,让人着实替华为捏了一把汗。

战略就是做减法

P1产品表现平平,运营商市场也传来了一个又一个坏消息。英国的沃达丰取消了和华为手机的合作,法国电信也不合作了……15家欧洲运营商客户中,有14家中止了和华为手机业务的合作。其原因是,华为取消定制机业务,得罪了运营商。尽管华为解释说是为了战略调整,但运营商还是很不爽,纷纷采取了"惩罚"行动。

2011 年安卓全球市场份额统计数据显示：华为终端占据全球市场 7％,落后于三星的 38％、HTC 的 17％以及索尼的 9％。必须提出的是,华为占领的 7％市场,几乎都是从运营商那里获取的。运营商拒绝继续合作,意味着华为手机失去了最大的伙伴,彻底沦为一个小兵。

有人会问,华为为什么要把自己搞得这么狼狈？为什么非要在高端和低端中二选一？如果拿 P1 和小米、索尼相比,表现还是相当不错的,为什么一定要和苹果、三星这样的巨头对比呢？把目标放低一点,岂不好过一些？

求上取其中

"世界没有人记住第二,都记第一。世界第一高峰是珠穆朗玛峰,第二高峰是什么？很多人答不出来。想有未来,必须面向终端消费者,做高端。"这是余承东对华为终端业务敲定的战略目标。

美国著名营销专家艾·里斯(Al Ries)与杰克·特劳特(Jack Trout)在《定位》一书中早已提到,占据领先地位造成的发展势头,在以后的许多年里肯定会带动公司顺势而进,领先市场有巨大的好处。

《论语》云："取乎其上,得乎其中;取乎其中,得乎其下;取乎其下,则无所得矣。"《孙子兵法》也云："求其上,得其中;求其中,得其下;求其下,必败。"先人的哲理给我们讲了同一个道理：如果追求第一,那么可能得到第二的成绩;如果追求第二,那么可能最后是第三;如果只想当第三名,那结果什么也不是。

目标和结果的关系就是这样,高目标会激励人努力,而低目标只会让人安于现状。因此,余承东明确提出,华为要在 3 年时间内,成为全球顶级移动终端品牌,而其争霸全球的撒手锏就是高端智能手机。

从趋势格局来看,低端市场大打价格战,没有最低只有更低,产品利润几乎为零。小米品牌异军突起,大喊着"为发烧而生"冲进市场,占据了中低端市场的极大份额。而在中高端市场,苹果和三星两家公司二分天下,把市场上90%的利润吃掉了。

面对这样的行业格局,华为如果还去争夺已有"霸主"的低端市场,那不仅没有利润可获,还可能死得很惨。华为的经营理念一向强调利润,光有规模和收入是不够的,一定要有尽可能丰厚的利润产出。

如果规模和利润产生矛盾,那要选择利润。要想争得利润,就只能往上走,不能往下走,低端产品市场做久了,就很难有品牌效应。既然低端市场无利可图,那何必大费周章地去竞争呢?毫无疑问,这时候,选择能赚钱的高端市场,是唯一的出路。战略制定就是这样,看趋势、看对手、看自己、看用户,从中看见未来。

当然,高端不是一句空口号,只有付诸实践,才能实现其价值。成为第一的任务是艰巨的,但保持第一会容易许多。一旦达成所愿,付出就是值得的。

华为终端的一大行动是砍掉低端,行动之二则是,确定对标苹果和三星。在系统形态上,华为以同为安卓系统的三星为目标;而从设计、用户体验等方面来看,目标则是苹果。

好马与劣马一起赛跑,最终会越跑越慢,而与更优秀的对手比赛则会越战越勇,很有可能会一举夺魁。强大的对手会给你带来压力、挑战,也会激发你的潜能,提高应激反应。在赛跑中,你有可能赢不了领先者,但绝不会掉队。

有失才有得

"停!"他在一次大型产品战略会议上喊道,"这真是疯了!"

他抓起记号笔,走向白板,在上面画了一根横线一根竖线,做成一个方形四格表(见图2-4)。

"这是我们需要的。"他继续说。在两列的顶端,他写上"消费级"和"专业级"。在两行的标题处,他写上"台式"和"便携式"。他说,他们的工作就是做四个伟大的产品,每格一个。"会议室里鸦雀无声。"苹果首席营销官席勒回忆说。

	消费级	专业级
台式	iMac	Power Macintosh G3
便携式	iBook	Power Book G3

图2-4　1997年,乔布斯重回苹果,一次会议中他所展示的产品战略

这一场景发生在1997年,乔布斯重回苹果之时,后来被写入了《乔布斯传》中。当时,在乔布斯的推动下,苹果的产品型号从350款直接缩减到10款。他曾说:"让我感到骄傲的不是我所做的一切,而是我没有去做的一切,如果我们同时去做1000种产品,创新这两个字就根本不会存在。"

对任正非的战略思想有着巨大影响的郭士纳(Louis V. Gerstner),也是一位精简大师。在1993年空降IBM后,郭士纳展开了规模超过

10万人的裁员,砍掉了没有竞争力的OS/2个人电脑操作系统,从此开启了从硬件向咨询业务的大规模转型。

实际上,华为是一个不太喜欢做二选一的公司,任总推崇的灰度文化,让华为能够包容很多不同的东西,甚至能够包容冲突。不过,这一次终端必须做出是非选择。要做高端手机,就必须砍掉低端。究竟为何?

在Ascend P1发布之前,消费者实在很难将华为和手机联系在一起。大家拿到手里的华为手机,多数是运营商定制生产的无品牌低端产品。当一个人免费或者以超低价获得一个普通商品时,很难意识到它的品牌价值。

对于消费者来说,如果不是去运营商营业厅,就不知道华为手机的存在,更搞不清楚由看不懂的字母拼凑而成的手机型号和品类。华为手机的款式千篇一律,只有抠掉电池才能看到"华为制造"的小字样。消费者甚至怀疑,自己充话费赠送的华为手机,究竟是不是世界500强企业华为生产的。就连华为内部员工,也鲜少有人用自己公司生产的手机。

"把Burberry T恤的logo去掉,那就不是100欧元的衣服了,10块钱就能买到,这就是品牌的价值。"余承东说,富士康给苹果代工,消费者看到的、感兴趣的是苹果,而不会关心苹果的产品是谁生产的。所以,华为手机要做自己的高端品牌,绝对不能再藏在手机壳里面。

如果继续做超低价格的低端手机,华为就会延续低端形象,永远无法建立起高端品牌。低端和高端共存,只会让局面变得混乱。答案很明显,砍掉低端,是唯一办法。2012年,华为决心不再做499元或者599元的低端手机,余承东砍掉了90%的低端手机,表达了转型高端的决心。

"这3年我负责华为消费者业务以来,每年的报告都会重复这一页PPT,我们要统一对行业的认识,我们不是做廉价的、低端的、同质化的产品。"余承东在2015年的一次演讲中仍然强调:"产品的几个层面,最普通的是电子消费品,高一级是高端品,再往上走是奢侈品,再往高走就是艺术品,我们一定要从中国的廉价电子产品进入高端品这个领域。"

从零起飞

2012年11月22日,在辽宁号航空母舰上,首架歼-15原型机成功完成了着舰测试和起飞测试。在这一年的华为优秀表彰大会上,余承东从任老板手中拿到了一台歼-15舰载战斗机模型(见图2-5),但他收了礼物后并没有露出一丝笑容。

图2-5　歼-15舰载战斗机模型

这一年,华为又创造了一个好收成。公司全年收入2202亿元,同比增长8%;净利润154亿元,同比增长33%。为了激励员工的辛勤付出,华为拿出了125亿元作为年终奖金,同比增长38%。按当时14万多员工人数来估算,奖金平均数有8万元左右。

然而,这些欢乐与终端无关。

2012年年初,余承东立下承诺,2012年华为智能手机销量目标为6000万部。年终财报显示,华为手机全年整体发货量1.27亿台,其中智能手机发货量3200万台,同比增长60%。

显然,全年目标任务仅完成了一半。另外,单就P1的销量结果来看,50万台的年销量也没有达到100万台的目标。尽管华为在2012年第四季度以4.9%的全球市场份额,成为全球第三大智能手机供应商,但也无法忽略没有完成任务的事实。相较于当时排名第一和第二的三星(29%)和苹果(21.8%),华为的差距还是很大。

由于未能完成绩效任务,任正非、孙亚芳2012年年终奖为零,此外包括余承东在内的9位高管均未领到年终奖金。奖惩分明,是华为一贯作风,高管们带头践行了"不达底线目标,团队负责人零奖金"的承诺。

尽管终端在这一年吃了许多苦,但在结果面前,没有任何情面可讲。只有惩罚到位了,才会感觉到痛,逼到极限才可能激发最大的潜能。高管们的行动,让余承东感到了更大的压力,也让他感受到了组织的温暖。

老板送他一台歼-15战斗机模型,是为了鼓励消费者BG的艰苦奋斗精神,祝愿他们能够"从零起飞"。在余承东失意之时,队友们没有抛弃他,而是选择了和他一起承受压力。华为的狼性文化,讲的不是冷酷无情,而是别人无法想象的团结和勇敢精神。

不谋全局者，不足谋一域

"不谋万世者，不足谋一时；不谋全局者，不足谋一域。"在政治学上，这句话是讲，如果不从大局考虑，即使一时治理好了一方区域，最后目标也会落空；如果不站在全局的高度谋划决策，根本无法治理好地方。用在商业领域，则是指如果不从战略出发谋定全局，即便获得了短期的局部成功，最终也不会有所成就。

从局部效果来看，华为终端的开局称不上是"高开"，期待的一举成名并没有出现。但我们换个角度，从大局来看，会惊奇地发现，华为终端在开局时做出了周全的布局。

模块在前，创新在后

如果你用过第一代 iPhone 就会知道，为什么诺基亚当时没有把它放在眼里了。

多任务操作、第三方应用、复制、粘贴、更换背景、添加电子邮件附件……这些基本功能，它全都没有；硬件上，iPhone 只有一个电源键和 Home 键，其他的操作全靠触摸来执行，连电池都拆不掉。这样的配置，不禁让人质疑，它真的是改变世界的手机吗？

第一代 iPhone 虽然不算成熟，但它做对了一件关键的事情——完成了产品的模块化设计。也就是说，它为 iPhone 系列产品搭好了架子，为 iPhone 注入了原始生命力。比如，在智能系统方面，iOS 1.0 实现了超简单的多点触控和顺畅的速度感，冲击了消费者的体验感；

在硬件方面,仅仅是取消了键盘,就足以颠覆认知。

当第一代产品经过了市场检验,证明了其假设的有效性之后,我们可以看到 iPhone 接下来的每一代产品都有重大创新突破。通过去掉一些特色,增加新的特质,它一次次重新配置产品,实现了超越,也占领了高端市场的高地。

华为终端在研发 Ascend P1 时,也像苹果一样,完成了关键的固化模块化设计。这为之后的更新迭代,创造了足够的空间。华为手机应该是什么样的? 这是 Ascend P1 的使命所在。它不仅是设计一款手机那么简单的事情,而是要挖掘出华为手机的整体设计风格和基调。在硬、软件方面,都要考虑如何在后续产品上保持设计的统一性。

在产品技术方面,华为确立了"坚持一个硬件平台,多个 OS (Operating System,操作系统,简称 OS),一个中间件,一个 UI(User Interface,用户界面,简称 UI)"的战略。这句话可理解为,华为的硬件平台的承载能力必须足够强,具有高度的适应性,能够兼容多个 OS,满足后续的多样化设计。

在产品设计方面,华为确定了三大智能手机设计研发准则,分别是:性能、外观都不能妥协,不做以牺牲电池和屏幕质量来实现极薄的手机,以及不做华而不实的产品。

华为设计团队还制定了成功设计的标准:设计应该涉及策略;在全球范围内得到认可;有一个长期的目标;有独特的类别或是品牌;设计师不能只着眼于构造一部手机出来,还要从整体理念出发,围绕着一个主题完成工作。

设计师们表示:"公司越来越意识到设计的重要性,内部有一种强烈的声音,要让设计和用户体验拥有更大的话语权。"若是拿 P1 和华为之前的手机产品相比，我们就会发现其中的颠覆性变化。华为推出的第一款智能手机 U8220，满足于运营商贴牌的定制需求。用机身厚、线条粗、笨重难看来形容这款手机，毫不为过。再看 P1，不论是外观还是系统界面，都完全颠覆了此前陈旧过时的外观形象。此后，华为的手机产品基本都以 P1 为模版，保持了简洁、大方的外观气质，并在此基础上不断做出改变。

从"芯"看未来

2012 年 2 月 27 日，西班牙巴塞罗那，阳光四射。在世界移动通信大会（Mobile World Congress，简称 MWC）的会场大门前，矗立着的一匹六米高黑色飞马雕像，这不禁引人驻足。走近之后发现，原来这匹黑马是由 3000 台黑色的华为手机组合而成（见图 2-6）。

这款手机，是华为推出的第二个高端系列——Ascend D（D 表示 Diamond，钻石），首次推出 Ascend D1、Ascend D quad、Ascend D quad

图 2-6　2012 年，世界移动通信大会会场门前，矗立着由 3000 部华为手机组成的黑马

XL 3 款产品。与代表极致时尚的 Ascend P 系列不同,华为 Ascend D 系列代表极致科技,后者定位比前者更加高端。比如,Ascend D quad 的设计源自超级跑车引擎,外观形象动感十足。同时,通过采用高度定制化的元器件及创新的架构设计,其成为业界所有 4.5 寸屏智能手机中设计最为紧凑的产品。

然而,Ascend D 也没能实现逆转,反而让华为陷入了更加不利的局面。在 D 系列身上,有一处硬伤,它让产品使用起来时常发生卡机、闪退、发热等症状,体验极其不稳定。稍微对手机了解一二的人都知道,这些问题出自芯片。

随着 D 系列的问世,华为自主研发的海思 K3V2 芯片也首次投入使用。华为顶着失去用户信任的风险,开启了自主芯片应用之路。无论用户如何吐槽嫌弃,华为在往后的日子里从未动摇过对海思芯片的坚持。

有人曾问,华为为何不研发出一款性能更好的芯片再推出应用呢?晚一点,有何不可?如果华为能够在 D 系列、Ascend P2 上安置其他品牌的芯片,保证性能稳定性,或许成功会来得更早一点。

华为何尝不想这样。然而,从长远来看,必须尽早启用自主芯片。因为只有不断地在真实场景中运用,才能彻底暴露芯片的漏洞。只有精准地找到了问题,才有可能对症下药。产品吸引的使用者越多,问题就发现得越早,离成功越近。牺牲一些眼前的利益,未来就会走得更踏实。

华为的芯片研发和手机设计秉持了一致的理念和路径,两者都是先出模块框架,快速将其推向市场,然后再不断进行新的尝试和改变。在这样的过程中,华为可以清楚地感知到最小可用品、客户反馈、快速迭代的产品开发管理原则。① 世界上没有天生完美的产品，科技产品更是如此。如果怕被骂就羞答答地不见人，那么成功的大门永远不会打开。

高低搭配

在战斗机装备领域，向来有"高低搭配"之说。重型战斗机性能强大，但成本高昂；轻型战斗机成本低廉，但性能也大大缩水。在实战中，轻型战斗机可以协同重型战斗机执行对地攻击任务，还能为重型战斗机抵挡进攻。因此，由于重型战斗机造价高、维护费用昂贵，不适合过多建造，所以需要轻型战斗机来弥补数量上的不足。"高低搭配"模式既能保证空军质量，又能维持必要数量，可以发挥最佳的效益。

在商业领域，"高低搭配"也是企业的常见战略。比如，全球知名护肤品牌资生堂，旗下既有 Clé de Peau Beauté(肌肤之钥)这样的顶级产品，也有 ZA 一类的平价产品。全球连锁服装品牌 H&M，既有大众服装品牌 H&M，也有高端品牌 & Other Stories。化妆品集团雅诗兰黛的顶级品牌并不是雅诗兰黛，而是 LA MER(海蓝之谜)，雅诗兰黛则属于公司的一线品牌。此外，雅诗兰黛还有 Clinique(倩

---

① 硅谷创业家埃里克·莱斯(Eric Rise)在《精益创业》中提到三个创业创新的主要工具：最小可用品，是指将创业者或者新产品的创意用最简洁的方式开发出来，可以是产品界面，也可以是能够交互操作的胚胎原型。客户反馈，是通过直接或间接的方式，从最终用户那里获取针对该产品的意见。对于精益创业者而言，这是将产品开发中的所有决策权都交给用户。如果没有足够多的客户反馈，就不能称为精益创业。快速迭代，是指针对客户反馈意见，以最快的速度对产品进行调整，融合到新的版本中。在互联网时代，创业不追求一次性满足客户的需求，而是通过迭代不断让产品变得丰满。

碧)、Origins(悦木之源)等二三线品牌。

既是军人,也是企业家的任正非认为:"我们要学一下消费品牌,比如服装品牌的管理。每个顶级服装品牌实际都有两个品牌,一个高端一个低端,其实是一样的货,只是销售点不一样。终端的销售模式和供应模式,除了库存不能妥协,其他都可以考虑。"

如其所言,多品牌战略是消费品集团最常用的战略之一。华为进攻高端市场,并不等于放弃中低端。一方面,高端产品利润率高,但销量偏低;低端产品利润率低,但销量高,两者可以互补。另一方面,在市场战略层面上,子品牌可以开辟新的细分战场,覆盖更广的消费者群体。这和战斗机的"高低搭配"同理。

基于这样的考量,华为开辟了高性价比的荣耀品牌。少有人知的是,荣耀第一代手机只比小米 M1 晚 1 个月上市。在它上市时,小米已经卖出了几十万台,达到了供不应求的"饥饿"状态。显然,在美国首发的荣耀,无法与小米展开正面抗争。从两个品牌主打的性价比来看,小米 M1 也是略胜一筹(见表 2-1)。

表 2-1　小米 M1 和荣耀 1 的产品细节对比

品牌	小米 M1	荣耀 1
价格	1999 元	2499 元
内存	1G＋4G	512MB＋4G
芯片	1.5GHz,骁龙 Snapdragon MSM8260	1.4GHz,骁龙 Snapdragon MSM8255T
摄像头	800 万像素,无前置摄像头	800 万像素,前置 30 万像素摄像头

不过,荣耀并没有停下探索的脚步。2012 年,荣耀一连推出了 3 款产品。1 月,推出荣耀＋;9 月 6 日,推出华为闪耀;10 月 29 日,

推出荣耀 2。荣耀 2 主打高速度＋长待机，在发布时机、制定价格、优化配置方面都有了较大的进步，邀请了奥运游泳冠军孙杨、叶诗文等名人代言，销量近百万台。

　　尽管表现不敌狂热的小米，但荣耀的问世丰富了华为终端的产品线，华为终端迈出了双品牌的步子。因此，我们看到，在 2012 年，华为不仅仅是推出了 Ascend P 系列和 D 系列产品，而且在芯片和子品牌领域做出了布局。后两个在当时看来并不起眼的动作，为华为终端今后的成功埋下了伏笔。

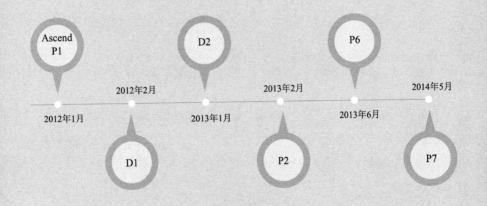

第三章

试错：知前进，懂后退

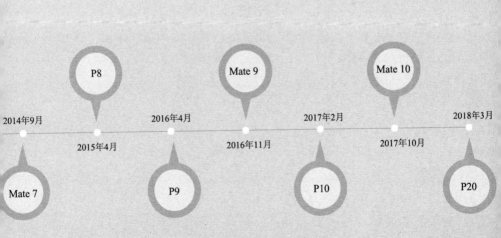

自从 2011 年秋天上任之后,余承东每隔一段时间就会听到舆论呼吁他"下课"的声音。他也曾坦言:"我的痛苦来自反对声,很多不同的异议,很多噪声,压力非常大。"成绩不见起色的日子,的确不好过,你必须承受别人异样的眼光和永无休止的质疑。所有的痛苦、委屈和压力,都只能往肚子里吞。

创新本就是一场在失败中成长的"游戏"。在遭受质疑的时候,幸而有任总等高层的支持,他们为手机业务的发展争取了更多的空间和时间。

任正非说:"终端光芒闪耀,很容易被别人注意。但是我们在管道业务上的世界领先地位,短时间内是不会被颠覆的。终端一旦有风险,它退下来,我们也有价值七八百亿美元的管道底线支撑着它,它还可以东山再起。所以华为终端做错一件事没关系。但是苹果、三星做错一件事,它们就波及坐标的底线了,它们要东山再起的困难较大一些,但是我们没有,因此我们允许终端有冒险精神。"

迈向成功的第一步,应当从学会失败开始。遗憾的是,很多人接受不了失败的事实,也不愿承认失败。我们学习华为的成功,不如先来看看它是如何面对失败的,摸清楚在追逐成功的过程中,我们要付出什么样的代价。

供应链堵塞

一个人如果血管堵塞了会怎么样？如果特别严重,可能会致命。不同部位堵塞,会引发不同的症状。比如,颈内动脉堵塞,就容易造成偏瘫。简单来说,血管堵塞就意味着血流不通畅,给人体运行造成阻碍。

在商业运营中,供应链就像人体血管一样,分布在生产流通过程中。一旦发生供应链堵塞,就意味着流程不畅,而局部问题将影响其他环节,甚至整体机能的运行。

通常,供应链是指由上游与下游企业共同建立的需求链状网。比如,产品设计、研发、生产、订单、库存、营销、渠道……都属于供应链链条中的环节,其版图的复杂程度不亚于人体血管的构造。任何环节出现故障,都有可能牵动全身。

因此,对于商业运营来说,如果供应链规划失败,就会在众多业务环节中形成障碍,影响环节效能和系统整体顺畅性。如何保证供应链血管的顺畅？一旦堵塞,又是哪里堵塞,什么原因导致的？明白这些问题,至关重要。

供应链越是顺畅,运营就越高效。一个优秀的供应链,可以为企业节省大量成本,同时带来更高的利润。一个混乱的供应链,每一秒都可能让企业陷入瘫痪,走向死亡。可是,在华为终端刚起步时,最先撞到的就是最不想遇到的供应链堵塞问题,差点让其动弹不得。

上游：三星屏断供

"三星不给我们做屏了！"

"为什么？"

"他们要自用。"

这真是一个令人哑口无言的理由。在 Ascend P1 稍微打开市场需要增产的时候，三星突然中断了上游屏幕供货，这个消息很快在华为内外部传开了。

"Ascend P1 的屏幕很清晰，仔细看时字体虽稍有颗粒，但轮廓清晰。色彩表现丰富，显示效果艳丽，对比度高。"这是手机达人对华为 P1 的屏幕测评，大家对这款三星研发的 4.3 英寸 Super AMOLED 触摸屏颇为满意。

然而，就在要增产的节骨眼上，屏幕断货了。这种感觉，就像是被人掐住了脖子。

三星旗下的三星显示公司(Samsung Display)，是全球 OLED 屏生产的巨头。它生产的屏幕很轻薄，可以让手机机身更美观轻盈，也更省电，所以才成为许多手机品牌的首选。三星出产的屏幕不仅为三星手机服务，也为苹果、小米、魅族、vivo、OPPO 等品牌供货。

数据显示，三星一度控制了全球超过 90％ 的智能手机 OLED 屏市场。之后几年我们会看到，在三星手机销量走下坡路的时候，其屏幕生意还在为公司创造越来越高的利润。

对于三星来说，屏幕是一个核心武器。但如大家所见，三星并不是一个友善的供货方。当其自主品牌手机遇到挑战与竞争，或者供不应求的时候，屏幕断货的"恶作剧"就会适时上演。除了华为之外，中兴、HTC、小米等厂商也在三星屏幕上栽过跟头。早年,三星推出Galaxy 系列后,就曾"战略性地减少"对 HTC 手机屏幕的供应。这让正处于销售巅峰的 HTC 措手不及,很快陷入缺货状态,而"消灭了"竞争对手的三星 Galaxy 则借机大卖特卖。

当绝大多数企业都依赖一家生产商时,话语权自然就交给了卖方。有时候,就算手机厂商提前支付了全年的 OLED 显示屏订单货款,也无法得到三星的供货保障,厂商们仍然随时面临断货的危机。一旦三星屏幕的订单量太多,就算是求也得不到一张屏幕。

依赖供货商,这实在是一个下下策。当没办法自主生产的时候,就必须学会制衡强势的对手。华为的选择是,不再采用三星屏幕,转而和东芝、JDI①合作。任何时候,都不要把命运交到别人手里,这是华为的一大准则。丧失主动权,很可能导致可怕的结果。如果对方的合作成本超标、风险不可控,放弃合作不失为一个明智的决策。

与三星垄断的 OLED 屏不同,JDI 主要出产 LTPS 屏幕。这种屏幕有着高分辨率的优势,并且功耗极低,画面显示能力强大,在亮度、细腻度、清晰度、画面艳丽度等方面,都表现不俗。对于追求超强续航能力、低耗能、高品质画质的华为来说,JDI 是个不错的选择。

一直到 2015 年,华为才和三星再次合作,向其订购了一定数量的 OLED 屏幕。2016 年 11 月,Mate 9 系列产品推出时,华为采用了JDI、LG②和三星的 OLED 曲面屏。通过多方合作的方式,防御断货风险。

---

① 日本显示公司(Japan Display Inc.,简称 JDI),成立于 2011 年,致力于小尺寸显示屏的生产和研发。
② 韩国 LG 集团,主营电子电器、通信与服务等业务。

下游:终端渠道之乱

Ascend P1,只要 2699 元! Ascend P1 再降 300 元! 刚上市 1 个月,市场上就不断传来价格跳水的消息。P1 的零售价很快从 2999 元下跌到 2000 元左右。价格降下去了,销量却不见提升。这款手机在卖出 10 万部之后,中国市场就停止了供货,生命周期仅有 3 个月。但在欧洲市场,P1 销售了 1 年多。

等到 Ascend D 系列的第一款产品 Ascend D1 发布时,P1 还在销售期。传统渠道商认为,上架 D1 会影响 P1 的销售,于是拒绝 D1 进入渠道。D1 产品陷入了只闻其声不见其影的尴尬状态,就连网上也鲜少见到。

有华为员工吐槽:"D1 上市也快 2 个月了吧,一直想给老婆买一个。老婆说想看看真机再决定,今天特地去问了下,得到的答复是除了电商渠道,实体店根本没得卖。也不知道终端到底想玩什么。"

面对外界的不解,余承东有苦难言。更大的渠道挑战,还在后面等着他。2013 年 1 月,华为发布 Ascend D2(简称 D2),售价 3990 元。但在上市后不久,个别商家就擅自降价,引发了市场价格混乱。

余承东无比愤怒,他在微博毫不客气地怒骂:"在互联网电商普及时代,传统社会零售渠道成本很高,Ascend D2 手机华为终端自己都不赚钱,而个别渠道商却低价在网上抛售,可恨!"下游渠道商的"捣乱",丝毫不弱于上游供应商的"野蛮"。

我们回过头来看一看,谁是华为手机的销售商? 他们为什么会如此混乱?

Ascend P1 发布后,华为在国内采取了和传统手机国包商(即全国总代理)天音公司合作的方式,希望借力传统渠道商铺货。然而,这一年,智能手机渠道竞争激烈,线上直供模式异军突起,和传统渠道形成了正面挑战。受到库存压力和价格快速波动等影响,国包商的渠道模式已疲惫不堪。

天音公司遭遇了上市 10 年来的首次业绩亏损,额度高达 2261 万元;而我国另一国包商爱施德,在 2012 年营收增长 52%,至 196 亿元的同时,出现 2.6 亿元的大幅亏损。在互联网时代,国包商们正经历痛苦的转型危机。华为选择搭乘国包商列车,势必会卷入其中。

不过,这并不是造成华为手机渠道混乱的终极原因。曾有经销商抱怨称,P1 的销售激励空间太低,"除了苹果雷打不动只有 8% 的空间,一般品牌都有 30% 左右,但华为才只有 15% 左右"。

实际上,一向善于和大客户打交道的华为,不可能没有给足利润空间。当时,华为打包了包括 P1 在内 3 款手机给经销商,3 款手机在一起,利润空间是足够的。P1 单品的利润空间虽然不大,但通过其他产品做出了弥补。

显然,经销商并不领情。

接二连三的失利让余承东冷静下来,认清了现实。渠道都是逐利的,渠道空间要留足。对此,他快速提出解决办法:"接下来推出的产品一定要调整产品价格体系,做好上市及铺货周期准备,在这方面会引进大量专业、具有开放思路的人才,而给予渠道的激励和利润也将有所提高。"

2000 年前,李冰父子在四川修建了一座水利工程,取名为"都江堰"。任正非曾多次游览都江堰,对这座水利工程赞不绝口。深感于都江堰"深淘滩,低作堰"的治水精神,他提出:深淘滩,就是不断挖掘内部潜力,降低运作成本,为客户提供更有价值的服务。低作堰,就是节制自己的贪欲,自己留存的利润低一些,多一些让利给下游分销商和客户，以及善待上游供应商。

秿持着这样的精神，华为度过了冬天。在终端销售中，这一精神再次得到发扬，帮助华为做好了与销售商之间的平衡。

所谓"深淘滩"就是李冰为防止内江的河道淤积，要求人们在冬天必须把内江中的沙石淘走，但如何把握淘沙的深度就是一个问题，所以他在内江埋了一些卧铁，这个卧铁就是一个判断河道合理深度的标尺。当每年冬季水位下降时，人们就去内江淘沙石，淘沙石的分寸以见到卧铁为准：淘浅了，流到成都平原的水不足，可能会缺水而旱灾；淘太深，则洪水季节会因水太多而洪灾，见到卧铁则正好，这简直就是古人伟大的灰度智慧。

"低作堰"是指，都江堰中有一段叫飞沙堰的地方是专门设计用于分洪和泄沙的，李冰强调飞沙堰为便于排洪排沙，她的堰坝不能垒得太高，以起到"引水以灌田，分洪以减灾"的作用，否则就会给成都平原造成洪涝灾害。同时李冰也提醒人们切忌用高作堰的方式在枯水季节增加成都平原的进水，那同样是一种急功近利的做法，因为这会在洪水季节造成严重淤积，使工程逐渐废弃。

——任正非《深淘滩，低作堰》

华为就好比内江，客户、销售商、供应商是外江。如果华为高作堰，那么就会把利润截流，上下游和客户的利润就会干枯，最终导致截流的利润变成死水一潭。只有低作堰，把水流（利润）分出去，才能达到内外协调，持久发展。都江堰2000多年的生命历程已经证明，这是内外平衡的最佳之法。

这一年，在华为终端出货量中，通过社会渠道卖出的手机仅占

20％,运营商定制占比仍然高达 80％。但需要留意的是,华为和众多渠道商达成了合作关系,为来年的发展做好了准备。这就好比种果树,今年种下树苗,有可能明年挂果,也有可能三五年之后才挂果。大自然教会了我们很多商业逻辑,如果忽视这些法则,注定会失败。

品牌难立

2012 年,华为品牌的全球知名度为 25％。也就是说,100 个人里面,有 25 个人知道华为。就算在中国,华为品牌知名度也只有 32％。这样的起跑线,实在不高。更令人揪心的是,从来没有做过品牌的华为,在营销市场上"昏着"频出,几乎没有一招打中用户。品牌,成为华为进军高端市场的又一只"拦路虎"。

讲不出自己

天空蔚蓝,白云在天际飘逸。雪白的盐湖上,一边站立着一匹漂亮的白马,另一边是一位身穿白衣、头发银白的老年智者。他们同时向湖中心飞速相向奔跑,碰撞爆炸,最后从绚烂的烟火中亮出了一部纯白色的手机。

这个场景出现在 2012 年当红的综艺节目《非诚勿扰》的插播广告中,华为 Ascend P1 就是那部碰撞而出的手机。

这是华为的第一支消费者电视广告,却让人看不懂。为什么白马和老人会撞出一部手机? 白马代表什么? 老人又是谁? 他们为什么会撞上? 在观众看来,这则广告是这样演的:

白色的冰湖上，出现了一匹白色的骏马和一个头发花白，留着络腮胡，身穿白衣的外国老爷爷。这位老人原本正在拿着圆规算数学题，冰面上放着算数纸和书。突然，骏马和老人同时朝湖中心奋力奔跑。最后，他们碰撞出一团火焰，Ascend P1 就此诞生。

有人评价称："据我认真观察，老人与白马跑步，占了 37 秒。最后关键的 Ascend P1 出场仅占了 5 秒，而且一晃而过。相信许多人跟我一样，还没有真正看清楚这一款手机的模样，只听到广告语'华为不仅仅是世界 500 强'，就没了。好广告是开始看不懂，看懂后拍手叫绝，这个广告看懂后感觉简直是扯淡。"

其实，为了做好第一条消费者广告，华为耗费不少心血，提前 1 年就在全球征选品牌合作伙伴。在最后一次广告竞标展示中，极具个性的英国独立广告公司百比赫（Bartle Bogle Hegarty，简称 BBH）以一张暖心的图片获胜。这张照片以漆黑的矿道为场景，拍摄了一个浑身脏兮兮但面带微笑的小孩，寓意华为踏实、低调、靠真诚、智慧与勤奋赢得尊重。

拍摄 P1 广告时，创意团队为了突出华为品牌的主要元素——白色，选择了雪白的美国盐湖城盐滩作为拍摄地点，增强视觉烘托效果。老人是来自希腊的智者，代表智慧，意指华为拥有很多核心技术，是个经验老到的智者；白色的骏马代表性感和速度，寓意华为的腾飞；两者的碰撞是智慧与性感、速度的碰撞，意即 P1 拥有高超的智能（智慧）、漂亮的外观（性感）和卓越的性能（速度）。结合广告语"用智慧演绎至美"，以及"华为，不仅仅是世界 500 强"的口号，就是华为向手机终端转型的宣言。

委婉地说，这则广告"曲高和寡"；说得难听一点，这是"胡编乱造，不知所云"。原本要表达运用智慧轻盈地转型，却给人留下突兀、笨拙的印象。想要展现国际化姿态和思维,却让国内外的观众看得一头雾水。面对如潮水一般的恶评,余承东本人也表示对广告"不够满意"。

白马与智者碰撞出的不是至美的 P1,而是华为和消费者之间的距离。虽然 BBH 给了华为一个不太令人满意的广告,但它却让华为了解了做品牌的思路:我们要认清自己是谁,消费者是谁,如何建立两者之间的持久情感。

B2B 的品牌是用来尊敬的,B2C 的品牌是用来爱的。当华为用"智慧"代表自己,用宏大的场景叙事的时候,偏偏忽略了向用户传递爱。广告的目的,不是讲出自己,而是要影响用户消费心理,占领他们的心智。讲出你的爱,才能让他们感受到温暖,愿意向你靠近一点。

若想要真正腾飞,就必须忘掉过去的成功,以"空杯"的心态做事。过去的辉煌,不仅对当下和未来毫无用处,而且还会成为累赘和阻碍。只有打破对成功路径的惯性依赖,才能轻装上阵,在全新的领域中找到新的游戏规则,干出一番新事业。

高配置＋高价≠高端品牌

2013 年 1 月 8 日,拉斯维加斯国际会展中心一间会议厅里,余承东穿着黑色西装,打着紫红色领带,拿着新手机在台上踱步演讲。面向讲台的右边,放着一个方形的鱼缸,缸里放了一杯水。余承东取出水杯,把里面的水淋到了手机上,接着向台下的记者们展示说:"It's no problem.(这是没问题的。)"1 分钟后,他又把手机摔到了地上,告诉大家,这也是没问题的。

这台手机,就是被华为称为"超级战斗机"的 Ascend D2。该产品发布之前,余承东就在微博透露,这将是超级发烧友们中意的Dream Phone(梦想手机)。为了展示 D2 强大的防水功能,他直接将其放到了海里,配文说:"Ascend D2 脏了可以直接洗,还可以带去泡温泉。"

拥有最强悍的防水、防尘、防摔"三防"功能,通过了"史上最严标准"的稳定性测试,经过了 116 道复杂的制造工艺,使用全金属材质的边框,手机背部则采用了弯曲的弧度设计工艺,追求极致的握感……此外,在屏幕表现力、摄像头、通话音质、电池续航能力等方面,D2 的水平都达到了当时的最高要求。

"我们用的是最顶尖的器件。"这句话常常挂在余承东嘴边。最薄、最防水、最坚固、最美、最智慧、最佳弧度……华为早期的产品无不在追求一个"最"字,以彰显高端一流的品质。Ascend D2 这款集各种"最"为一体的手机,零售价也达到了当时华为手机的最高峰——3990 元。

按价格来划分,当时 2000 元以内属于低端手机,2000 元～3000元为中端产品,3000 元以上划为高端。在国内,Ascend D2 成为第一款能够定价高端的国产手机。但是,和同期的三星 Galaxy S4、iPhone 5s、5c 相比,D2 的价格还是弱了很多。比如,iPhone 5s 64GB 的裸机价 6888 元,整整比 D2 高了 3000 元。令人郁闷的是,消费者没有埋怨三星、iPhone 太贵,却纷纷取笑华为卖高价。

从销量来看,iPhone 5s 和 iPhone 5c 首发 3 天的销量就突破了900 万部。三星 S4 尽管性能一般、发热严重、电池膨胀、边框掉漆,却还是在 1 个月内卖出了 1000 万台。而消费者却以一句"高端手机从来就不是靠堆硬件实现的",否定了华为的所有付出。另外,由于渠道混乱、K3V2 芯片不稳定等问题,Ascend D2 在市场上陷入了难觅踪影、无人问津的窘境。

余承东发微博痛心地表示,Ascend D2 是一款制造成本非常高的产品,尤其金属框架和防水加工成本非常高。全高清屏幕、1300 万像素 Sony 摄像头、一体化音腔防水喇叭、高品质听筒,甚至连防水插头都是用当时最贵的器件部件,成本比刚刚发布的 Galaxy S4 高不少,而销售价格却比其低很多,造成如今结果的原因在于华为不擅长做品牌!

一位内部员工在"心声社区"说:"D2 卖高价不仅仅是硬件的问题,定价时过高预计了品牌溢价,我们的品牌太差。"这一评论引来了很多人的认同。大家普遍的看法是,华为品牌无法承载高价产品,在品牌地位未牢固之前实行高价策略,是行不通的。更有甚者认为,既然品牌没做好,就不该浪费资源研发 D2 这类高成本、高价格的产品。伙伴们恨铁不成钢的心情,表露无遗。

Ascend D2 是华为终端早期产品的一个缩影。一方面华为手机在品质和价格上坚持了高端,没有因为一时失利而放弃高端之路;另一方面,品牌的缺失让终端走得很吃力。

别做杯中苍蝇

做一个实验:把苍蝇放到一个玻璃杯里,倒扣过来同时在下面杯口留一个空隙,观察一下,苍蝇会飞出来吗?可悲的是,苍蝇会一直在杯内盘旋,到死它都不会改变思维向下从杯口飞出去。

余承东曾借这个实验讲到了思维定式。在总结华为手机早期产品的经验教训时，他说："华为终端目前最难改变的就是团队的思想观念，包括在产品设计上的工程师情节，缺乏面向最终消费者的意识。"

华为终端新成立时，余承东将上海研究所作为研发智能手机的重要基地，把以前的传统功能手机研发部门则迁至西安。工程师们有三种选择：要么去西安，要么辞职，要么留在上海研发智能手机。就这样，在上海和西安之间，华为的工程师们经历了一次迁徙，同时造成了终端公司原有的一批中高层领导的转岗或离职。

新的团队中，既有原来的老兵，也有"运营商转岗"，还有从三星、摩托罗拉、诺基亚等公司挖来的"空降兵"，结构比较复杂。如何调动这三类人才的势能？这个问题考验着管理层的领导智慧。

改变从领导者开始。如果领导人不改变，那么团队就不会改变，目标就无法达成。

从2011年开始，余承东成了微博达人。他会在第一时间和微博粉丝们分享自己的心得体会，把华为手机的最新消息告诉大家，或者提出问题，和粉丝们一起讨论。在许多微博达人看来，余承东发出的微博消息，称不上好段子，也谈不上多么引人关注。但在此之前，还没有一位华为高管在微博上如此直接地表达过情感。

在媒体眼里，华为是出了名的难打交道，很多记者吃过公司的"闭门羹"。"过去媒体来见我们，我们不接受，都会躲。因为之前做B2B业务，不需要。现在做B2C，我们需要让消费者知道，如果离消费者很远，就会有问题，我们要把自己真实亲切的一面展现给消费者。"

一个人的变化相对容易，一群人的转变就难了。既然要变革，光有领导人一个人的想法是不够的，团队一定要齐心，为共同的使命而奋斗。领导者要从意识形态上,不断和团队成员沟通,让大家对未来的愿景、战略有共识。

余承东最关心的就是内部团队的转变,他希望通过自己的改变带动更多人行动起来。他说:"我想通过微博给内部员工传递一些信息,尤其想了解大伙怎么看华为手机终端,了解客户需求和各种想法建议。"

至少在2年的时间里,余承东随时都在给终端的人洗脑。因为只有统一思想,才能统一战线。

"华为有上万名员工,不能整天开会讲道理,意识的改变需要时间,要洗脑。米缸里的老鼠,长期在米缸里吃米,吃得很舒服,但米的高度会越来越低,老鼠就很难跳出去了,等米吃完了以后老鼠也死掉了,如果我们再继续下去,就死掉了,所以我们现在必须跳出来。"

余承东要求员工要到店里去站店,当促销员。他到欧洲去见客户,只要有空也会跑到店里去,跟店员聊,跟顾客聊,了解他们最关注什么,对手机有什么建议。华为不断改变自己,培养新思维。

这种不适应的根源却在于华为坚持了30年的奋斗者文化。以奋斗者为本,长期坚持艰苦奋斗,是华为企业文化的真实写照。这也是在过去30年中,华为最引以为豪的文化品质。靠着比别人能吃苦、敢奋斗的精神,华为创造了辉煌的成就。而如今,与新市场格格不入的恰好是过去为之荣耀的东西。

在消费文化主导的终端市场面前,奋斗者文化产生了不适应感。比如,过去为了工作,华为人时常加班,很少有自己的闲暇生活,而且生活节俭。但如今,如果没有个人的消费生活,就无法切身体会大众消费者的感受,这样是做不好终端产品的。

如果要制造出符合消费者期望的好产品，首先要做的，就是拥有个人生活，学会体验生活、懂得消费。然而，要从思想和行动上的艰苦朴素，转变到超前的、时尚的消费文化，华为人还需要学习。奋斗者文化是华为必须践行的，但在新的时代中，面对不同的问题，就要做出灵活的变化，这才是文化的强大之处。

管理失败才是成功之母

失败乃成功之母，这句话众人皆知。但我们在现实中看到有很多人在不断失败。是他们不够勇敢吗？不是的。是他们不够聪明吧？也不是。是他们少了一点运气吗？也肯定不是。

实际上，我们应该在失败前面加上"管理"二字，才算是理解了失败真正的价值。如果学不会管理失败，那么无论爬起来多少次，还是会倒下。鲁莽的人无视失败，懦弱的人畏惧失败，愚笨的人躲避失败，睿智的人管理失败。

在前 2 年时间里，华为终端推出了至少 5 款代表作，但没有一款打响了名号。公司内外，批评声、质疑声如潮水般涌来，让人压力倍增。在几百个日夜里，华为终端就是在一次次失败中锤炼着自我。不断失败，不断打气；再失败，再出发。

这和许多创业公司一样，由于是初生，所以还有很艰苦的路要走。如果不懂管理失败，那就可能在泥泞的路上摔得面目全非。很多人说，我们不怕死。但请记住，活下去的前提不是勇敢，而是在摔倒的时候学会保护自己，让自己少受一点伤害。

做好失败的准备

从 2012 年发布 Model S 至今,特斯拉的名字已经声名远扬,任总也告诉华为人要学习特斯拉。作为电动汽车的典范,特斯拉实现了太多的不可能。然而,少有人知的是,它发布的第一款汽车并不是 Model S,而是在 2008 年发布的 Roadster,一款两门运动型跑车。

为了研发第一款电动汽车,特斯拉险些破产。从 2004 年到 2008 年,公司经历了工程延误、成本超支、资金不足、变速箱问题等等,还曾因金融危机被迫裁掉了 1/3 员工,关掉了底特律的分支机构,关闭了研发中心……所有这一切都给跑车生产带来了难以逾越的障碍。公司 CEO 埃隆·马斯克(Elon Musk)说:"那种感觉就像是眼睛盯着深渊,嘴里嚼着玻璃。"

2013 年,特斯拉 S 型轿车被评为"年度趋势汽车",成为第一辆获此荣誉的非燃料动力汽车。人们看到簇拥在特斯拉面前的鲜花和掌声,却体会不到它在过去近 10 年时间里经历的寒冷和疼痛。即便是有"钢铁侠"之称的马斯克,也经历了无数次失败的洗礼。他不止一次地说过:"我担心失败。"

害怕失败,就是对失败的一种心理准备。那些什么都不怕,做事横冲直撞的人,反而是最快失败的人。恐惧是有限的,希望是无限的,对失败的害怕并不会阻止人们去尝试。如果恐惧是不理性的,那么你就应该忘记它;如果恐惧是理性的,而且风险也确实很高,那么你也应该克服它,继续前进。人们以为马斯克是无所畏惧的"钢铁侠",但他比任何人都警惕失败。

有研究表明,创新者在事前往往会为自己设定失败比例。比如允许自己三次尝试中有一次失败,一般来说,失败的代价越小,失败的比例就可以设置得越高。如果把失败比例设置为零，那么你的成功率也就变成了零。

长期以来，华为就时刻准备着面对失败。任正非在 2001 年发表的《华为的冬天》一文中写道："10 年来我天天思考的都是失败，对成功视而不见，也没有什么荣誉感、自豪感，而是危机感，也许是这样才存活了 10 年。失败这一天一定会到来，大家要准备迎接，这是我从不动摇的看法，这是历史规律。"这一篇文章中每字每句都透露着危机意识，足以让看过的人心惊胆战。此后，居安思危的心理注入了华为人的血液里，每个人心中都绷着一根叫作"失败"的弦。

正因如此，任正非才会在"高级座谈会"上提醒终端，绝不能让库存把自己拖死。事先确定什么是灾难性的失败，这就是华为为失败做出的准备。往后只要不犯致命性的错误，活下去就有赢的可能。

为了夺取终端之战的最后胜利，华为在精神上和物质上都设定了足够高的失败比例，准备了足够多的弹药。华为早期的产品，在别人看来是失败，但对于整个终端来说，这是必经之路。如果连几次失败都承受不住，遇到挫折就放弃奋斗，就不可能再见到今天的华为手机。

理性试错

不管是成功还是失败，都会留下相关信息。根据有效信息，你可以对下一次尝试进行修正。通常来讲，失败留下的信息会更加有效，从自己和他人的错误中学习，是成功的基本能力。

纳西姆·尼古拉斯·塔勒布（Nassim Nicholas Taleb）在《反脆弱》一书中讲到了理性试错的观点，他认为，如果每次试错都让你了解到什么是行不通的，你慢慢地就会接近有效的解决方案了——这样,每一次努力都变得更有价值,更像是一笔支出而非一个错误。墨守成规的人是脆弱的,他们总想要一个明确的指示;相反,如果你想要做出改变,并且不关心未来结果的多种可能性,认为大多数结果都会是有利的,那么你就具备了反脆弱性。

因此,一个具备反脆弱性的个体或系统会不断改变,在错误中成长。失败和成功往往是阶段性的,一个项目的成功或失败说明不了什么,也决定不了最终的结果。我们要把每一个项目放到大的背景和目标中去评估,从小处看,它失败了,但从大局来看,它具有重要价值。

错误频出并不代表脆弱,不去尝试才是最大的脆弱。或许有人会好奇,为什么华为终端经历了多次失败,仍然充满信心、斗志昂扬?原因很简单,因为华为人认为夺取胜利非常重要。在面对错误和失败的时候,他们不会陷入毫无意义的悲伤,因为早犯错就意味着早成功。只要找到了问题所在,就能发扬力出一孔的精神去克服它。把问题一个一个解决了,成功自然会到来。

承认失败

"我出 7 万欧元买你的箱子,成交吗?"

"不。"

游戏继续。

这一情景出自一个著名的电视游戏节目,名叫"*Deal or No Deal*"(一掷千金)。因其强烈的刺激性和趣味性,曾被全球 50 多个国家的电视台效仿。在这个游戏中,选手可以从 26 个标有数字的箱子中进行选择,每个箱子中都包含不同数额的奖金(从 0.1 美元到最高 1000000 美元不等，顺序随机生成）。

首先，选手要选中一个箱子，里面的奖金数目无人知晓。然后，他要分若干次点开剩下的 25 个箱子，每次点开 1～6 个。点开的箱子会显示其所含的金额标签，但一旦点开，无论金额高低都不再属于游戏者了。也就是说，如果打开箱子里的钱很少，选手就会很开心，因为这说明他第一个选中的箱子里藏大奖的可能性变大了。

这个游戏最惊险的是，玩家每一轮开箱之后，会有一个场外的神秘"银行家"打来电话，他会开一个价，来换取玩家选中的第一个箱子。一般来说，银行家所提供的现金数是由没有被打开的盒子里面的金额大小决定的（约为平均数）。这时候，银行家会问玩家："Deal or no deal?"（换还是不换？）如果玩家说"Deal"，那么他将会获得银行家所提供金额的现金；如果玩家说"No deal"，游戏会继续进入下一轮。如果最后箱子开完了，玩家还是没有和银行家成交，那么他将打开第一个箱子，获得里面的钱。

按照游戏规则，由于银行家提供的金额是未打开盒子中金额的平均数，所以玩家手上拥有的金额可能会远高于这个数，也有可能低很多。那么，就有可能出现以下极端的状况：初选的箱子里有 1 美元，玩家用它换到了 80 万美元；初选箱子里有 80 万美元，玩家只换到了 5 美元；如果玩家一直不换，那么他有可能抽中的是最高金额的箱子，也有可能抽中的是最低奖金的箱子。

实际上，随着箱子一个个被打开，参赛者基本能够察觉到第一个箱子里的金额是偏高还是偏低。如果偏高，他可以选择继续玩；如果偏低，他就应该早点换出去结束游戏。然而，在现实场景中，很多选手在预测到自选箱子奖金偏低后不会放弃，而是选择继续开箱。一直到最终，他可能就像命中注定般地走向失败——只拿到极少的奖金。

行为经济学家、2017 年诺贝尔经济学奖获得者理查德·塞勒
(Richard Thaler)和同事们对"一掷千金"游戏进行了研究,以分析人
们面对损失时的反应。研究结果表明:虽然损失已经真实存在,人
们还是视而不见;虽然已经对之前的决定后悔,人们还是不愿将之一
笔勾销。面对错误或损失,正确的反应是承认一时的失利并改变方
向,但人们的本能反应却是否认错误。

我们常说,要有坚持不懈的精神,但这并不等于一条死胡同走到
底。明知走错了,还要朝前走,这不是智者,而是无知和愚昧。然而,
人类天生抵触失败,谁都不愿意轻易承认错误。但这样的结果就是
一意孤行,一错再错。因此,要从错误中学习并不容易,这其实是在
和人性本能做斗争。

真正的失败者是在犯错后拒绝认错、不自省、无视问题,甚至听
不进建议,还试图掩盖或粉饰错误的人。如果你能从错误中自省,振
作起来解决问题,用新的思想和方法去改变结局,那么你就具备了成
功者的品质。

从华为终端之后的表现中,我们可以看到,前面失败的项目带
给它的不是打击,而是宝贵的经验和教训。终端能够在第一时间发
现错误、承认错误并且采取行动,这是它能够越活越好的重要原因。

比如,在 D2 定价的问题上,华为的确投入了巨大的成本,卖出
3990 元的高价并没有什么错误。但这并不代表华为就做对了,因为
结果表明,消费者并不为高价买单。既然如此,高价就成了一个
错误。

华为并没有死咬着高价不放,而是在后续的产品中立即修正
错误,把价格控制在了 3000 元以内。一直到 2014 年发布 Mate 7

的时候，华为才再次将产品价格提升到了 3000 元以上。可以说，D2 定高价也是华为的一次理性试错，当它发现消费者不买单之后就获得了一个宝贵的信息，即市场对华为手机定价的期望值没有高于 3000 元。而解决办法就是，适度降低售价，等待时机成熟再推出。

如果没有这一次错误的冒险尝试，华为永远不知道消费者的心理预期。再试想，如果华为不承认错误，继续坚持 D2 的定价策略，结果会是什么？它能够撑多久？答案可想而知。

当然，华为认识到的错误远不止这一点。比如，在推出 Ascend D 系列 3 款产品后，市场反响平平，公司便没有浪费时间执着于这一系列的打造，而是在 2013 年尝试推出了新的 Mate 系列。成功往往不是一根筋走到底，而是懂得掉转船头，继续前进。

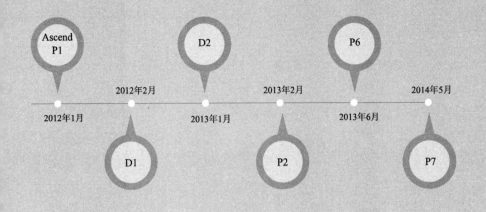

第四章

破局：产品转型导火索

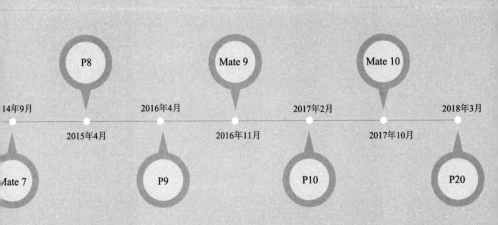

在华为移动终端的崛起路径中，Ascend P6（简称 P6）扮演着转折点的角色。在外人看来，P6 的诞生似乎是一场华丽蜕变，华为好像一下子找到了感觉，在很短的时间里就从 B 端跃变到了 C 端。以前贴在华为手机身上的"低价""功能型"等标签瞬间脱落，而"时尚""高端"等标签则徐徐降临。

可事实真的是这样吗？想要逆转用户对产品的认知，顺利完成一个产品从 B 到 C 的转型真的如此简单？答案显然是否定的。转型是一个系统的过程，对硬件智能终端来说更是如此。华为终端的转型之旅早在华为推出 P1、P2 时已经开始，P6 是这段旅程的引爆点，同时也是另　段全新旅程的起点。

美的诞生

2013 年 6 月 18 日，伦敦圆屋剧场（Roundhouse）内，Ascend P6 揭开了神秘面纱，其外观好似翻动的书页，兼备时尚和知性气质。在当时的手机领域，P6 的颜值堪称第一。

自此，华为 Ascend P 系列烙下了美的印记。此后的 P 系列手机,层层深入地挖掘手机之美,从外在美到内在美,书写了华为的手机美学,诠释出"美,是一种态度"的品牌理念。

硬件产品转型的危与机

对比一下:

你多久升级一款常用软件?

你多久换一部手机?

你多久换一部电脑?

这个更新频率应该是由高到低的,软件最高,手机次之,电脑最低。我们以完全不同的习惯使用着身边的产品。产品的使用习惯取决于产品在我们认知中的位置。这种认知不仅仅和我们需要支出的成本相关,还和产品的外部特性相关。例如,我们称手机是"时尚数码"是有原因的。由于手机是我们每天要带在身边的东西,我们会在各种场合中用到它,所以它已不再只是单纯地具有通信功能甚至电脑功能属性,还兼具一种展示自我品位的情感特性。

用户更换产品的频率意味着产品调整自身定位的机会。对那些想要转型的产品来说,更换频率低就等于调整机会相对稀少,这还挺致命的。

2017年,美国科技新闻网站 ZDnet 报道称,《2017中国手机消费与品牌引力指数报告》通过对7万多名中国智能手机用户的调查发现,约一半的用户选择每2年更换一部新手机。这个数据与2010年的调查数据基本吻合。

因此,相比软件产品来说,硬件产品在转型时就会天然遭遇一道无法逾越的鸿沟——虚拟软件可以通过网络实现版本的更新换代,但触手可及的硬件则必须要通过购置全新实体来实现更新换代。用户更换新产品的周期较长，意味着硬件产品对用户认知体验的针对性改善有较长的时滞。从这个意义上说，硬件产品想要实现转型，难度将大大超过软件类产品。

比如，对软件产品"滴滴"来说，它从"滴滴打车"到"滴滴出行"，服务的业务领域和目标客户一步步拓展开来，每一次迭代升级都可以通过在软件上开辟全新板块来实现目标。如果软件有任何 bug（缺陷），也能快速发布一个修复后的升级版。但手机终端售卖出去后，它的外观、特性等各类参数都没有快速改变的可能，一旦出现体验问题，用户轻则忍耐着凑合用，重则需要跑去售后服务中心换机。

可见，无论是进行价值升级还是修复问题，硬件的客户成本都远高于软件。如果用手机厂商的视角来俯瞰这个问题，常会发现情况变得愈加糟糕起来：

过去购买华为终端的用户认为华为品牌就意味着低价，他们的这种观点也影响着周围的人。这种通过人际传播沉淀下来的认知影响力不容小觑。而 P1、P2 虽然提出了"美，是一种态度"的品牌理念，但在产品各项指标上还处于爬坡阶段，趋势向上的产品体验受制于硬件迭代周期的缓慢，无法快速逆转用户对华为终端的认知。

不过硬件产品还可以从另一个角度看，危机的另一面也潜藏着机会。

首先，硬件产品虽然购置的频次较低，但它在产品设计上往往兼容性、通用性都更强，不容易受到文化、人际关系等社会因素的限制。与很多软件的网络效应、数据沉淀等切换成本相比，硬件切换成本更低。

其次，硬件制造成本实实在在摆在那里，硬件厂家在产品设计时势必要做出取舍。不同价格区间或不同硬件偏好对应不同的人群需求,导致整体市场必然分层,很难赢家通吃。

而在 2013 年年初这个时间点上,小米刚发布它的第二代版本不久,后来如日中天的 OPPO、vivo 也尚未迈出它们声势浩大的第一步。所有特征都朝着"后来者"华为发出清晰的讯号:这个市场还有机会!

一面是品牌固着印象与用户口碑爬坡迟缓的压力,另一面则是机遇窗口洞开的市场空间。在危与机并存的 2013 年,华为亟须一款能凸显 P 系列产品理念的机型来点燃转型的引线。P6 就是在这个大背景下降生的战略级产品。

如果墙会唱歌,如果手机会说话

"IF THESE WALLS COULD SING..."(如果这些墙壁可以唱歌……)

英国伦敦著名的圆屋剧场在它的官网放上了这么一句话。从 1847 年的铁路修车棚到今天的创意创新机房,圆屋剧场一直与艺术创意同行。毫不夸张地说,这里的墙壁聆听过的经典曲目,可能比我们一辈子听的都要多。大门乐队、滚石乐队、平克·弗洛伊德乐队等都曾在这里创下经典。如果这里的墙会唱歌,它将唱出怎样美妙的旋律?

这样的联想非常有趣。

如果将这种联想模式嫁接到手机终端上,我们其实也可以想一想,如果手机会说话,它又会说些什么?

P6 的设计团队意识到,如果想让全新的 P6 向用户发声,那么这个声音必须是一种环绕立体声,也就是说能够让用户从与产品相关的所有细节上体验到同一种声音。如果与产品相关的点上,经常传出杂音,用户就会感到困惑,用户将认识不到手机想要传递的核心信息。因此,转型必须全方位,也就是改变一切与产品相关的连接点,必须想办法在价值的获取、创造、传递上同时发力。

2013 年 6 月 18 日,华为特别选择圆屋剧场举行了 P6 发布会,拉开了 P6 产品价值传递的序幕。华为的目标是明确的,聚焦"美",让用户全方位感受到华为终端之"美"。

随着开场曲响起,一缕流光不停跃动,最终勾勒出 P6 超薄的外形轮廓。余承东用几个关键词概括了 P6 的美学理念:

One product. Three innovations。①

Design（Beauty outside）, Camera（Beauty Discovery）, User interface（Beauty inside）.②

意为 P6 强调平衡的人性化美学设计制造。

亲临发布会现场的记者们还留意到,所有 P6 样机都在蓝光掩映下显得时尚感十足。凸显细节之美,将"美丽传递"的理念渗透到每一个传播环节,这对华为来说还是头一遭。

所有表象变化的背后,是华为终端"由功能到情感"意识的觉醒。

蜕变,从意识开始

在此之前,连接华为和消费者的并不是美或情感,而是工业参数。

一位记者曾吐槽称,2012 年采访余承东时,老余一开口就说了不下十个业界第一的指标和数十个工业参数,这让听的人立马就蒙了。

---

① 一款产品,三项创新。
② 设计（外在美）,相机（发现美）,用户界面（内在美）。

信奉工业参数,是华为内部多年来形成的意识习惯。与运营商交流时,需要用参数和标准体现专业水准,用技术说话,提高沟通效率。长久和运营商打交道的华为深谙此道。

因此,华为前阶段发布的高端手机,无一例外采用了"最"字战略。比如,P1被冠以"全球最薄"的名号,之后的其他机型也都以"全球最快""全球最强"作为宣传重点。尴尬之处在于,华为提出的每一个"最",几乎都在极短的时间内被对手反超。

反观历代苹果iPhone的宣传语,从"苹果颠覆了手机行业"(Apple reinvents the phone)、"这仅仅是个开始"(This is only the beginning),到"你一直在等待的iPhone"(The iPhone you have been waiting for)、"这再次改变了一切"(This changes everything. Again),再到iPhone 5s提出的"超前思维的手机"(Forward thinking),苹果几乎不会从性能上挖掘营销卖点,但这样的做法并不妨碍人们认为它是最具科技感、性能最佳的手机。

越想要表现,越是弄巧成拙,这是华为在前期产品上犯过的错误。在快速变化的时代,单纯依靠指标的比拼,很难体现出竞争力。更关键的是,手机面对的客户是普通老百姓,而不是运营商,华为需要从运营商思维中走出来,给枯燥的规格参数注入灵魂,用消费者听得懂的语言说话。

从P6开始,华为意识到了这一点。从卖技术到卖艺术,华为开始用美代替工业参数,主打美的体验,与消费者建立了价值认同感和情感共鸣。

优秀的产品不只是单纯的性能表现,而是一种情感感知,这种感知要通过每一次触摸,每一眼预览,每一次拍照的体验中获得。手机硬件只是躯壳,良好的体验才是灵魂,这是华为终端对产品的新认识。

　　如果按照旧观念，华为在表达 P6 时，会这样描述：

　　80 万次触摸屏点击测试，

　　1 万次连接器的插拔耐久测试，

　　2000 次连接器的强度耐久测试，

　　70 千克载重测试，

　　80 万次马达老化，

　　110℃温差跨度的温度冲击箱，

　　8 小时盐雾试验箱测试，

　　……

　　而最终，华为用一句"美，是一种态度"替代了所有的数据和专业术语。这一次，华为没有讲自己美在何处，而是引导消费者去感受和发现美。面对这样的改变，消费者体验的感知反而被激发了出来：

　　　　"P6 内置常用服务热线的功能蛮贴心的。在拨号界面直接按查询服务首字母对应的数字，比如搜'招商银行'按 9794 键，相应的结果就出来了，可以很轻松搜索到各大银行、保险、快递、电信运营商、航空公司等常用服务提供商的电话热线信息。"

　　　　"试用了几天 P6 后，感觉 P6 的侧面按键的手感相比 iPhone 还要好一些，力度和高度都刚刚好。如果按键突出来很高，装在兜里的情况下很容易误操作，并且在手机摔落时承受压力很大，但如果按键高度太低，则又影响手感。P6 做到了最好的体验。"

　　　　"有一个很简单的小功能，我喜欢。短信进来，直接显示在首页，一眼可看到，马上可回复，也可直接删了，不需进入短信页面。"

"P6 的即刻分享功能太强大,手机里的视频、图片、语音等各种信息可以随时无限传送到 n 台手机上,信息共享速度惊人。"

消费者的好评才是 P6 经营美的意义。原来,有些美丽,不用多说,也会被人懂。

引线在用户手里

继 Ascend P6 之后,可以明显感受到,华为手机的产品线变得非常清晰,Mate 系列专注于商务,P 系列延伸美丽,荣耀系列占领了科技粉丝、潮流追随者的市场。

由此,从以产品为中心到以用户为中心,从"玩物"到"玩人",从洞察人群的行为到洞察人群的情感,华为通过消费者研究,为产品的设计、营销,提供了依据。

有很多人问,华为产品为何成功?其实答案很简单,那就是从客户中来,到客户中去。早在 1996 年,华为就确定了这样的理念:市场需要什么,华为就研究创造什么,市场的需求就是创造的动力。市场不需要的东西,生产出来也不会有人买。

20 年后的今天,尽管环境变化巨大,但这些话仍然用以指导方向,是为华为的核心理念。在华为手机终端的大考中,对消费者的精准定位分析,成为一大胜利筹码。

手机如何时装化?

早在 2010 年年底华为启动终端战略时,任正非就在"高级座谈会"上提出了"手机会时装化"的经典预测,他向团队抛出的问题是:"在时装化的潮流中,你们怎么会赢? 美国男人想拿的手机大点,手握着舒服一点。孙正义要为老人定制手机,只要求手机的字大一点,能打电话和发短信就行了。他说日韩公司是工程师主导,他们渴求展露自己的才华,手机越做越复杂。人家说你们华为公司是'政治家'主导,所以将会做出这么简单的东西来。但是华为公司也是工程师主导,所以至今也做不出这种适合中老年人的简单'时装'。我们怎么确定客户需求? 在时装化的时代,我们怎么入口? 我们是大批量、标准化,这是大公司的优势,但是在小批量的时代,我们还有没有优势,这是个大问题。"

有趣的是,任正非抛出这个问题时,时装界的"快时尚"品牌们正以势不可挡之势席卷中国市场。2008—2012 年间,中国大众消费者热情拥抱以 Zara、H&M、优衣库、GAP 为代表的快时尚品牌。不过细加分析,四大快时尚品牌选择的设计策略其实是不同的。以 Zara 为代表的设计策略是求新、求多、求快,以数据反馈指引设计方向,以高效更新款式的方式引领时尚风潮。而以优衣库为代表的设计策略则是求简,以极简舒适的基本款兼容潮流变化。

手机终端如果要向时装界取经,到底学 Zara 还是学优衣库? 这是一个问题。

过去华为终端的常规盈利模式是"从后向赚钱",也就是与运营商渠道深度合作,手机上会预装各类合作伙伴的应用,相当于与应用商家进行利益捆绑。这种羊毛出在猪身上的做法虽然可以为终端挣得一些利润,但很多时候会限制和影响到用户的使用体验,从长远看很难为品牌加分。

为了配合产品的全面转型,任正非强调"一定不能捆绑垃圾应用",指出"华为的价值评价体系要改变过去仅以技术为导向的评价,大家都要以商业成功为导向。只要有利于发展,可以考虑项目独立运作,目的是要能赚钱"。

那么,如何让 C 端用户掏钱?唯有深入用户,了解他们的需求,为他们创造价值。

华为人明白,他们必须回到问题源头——客户,在那里寻找答案。

产品路标是客户画的

"波音在设计 777 时,不是自己先去设计一架飞机,而是把各大航空公司的采购主管纳入产品开发团队,由各采购主管讨论下一代飞机是怎样的,有什么需求,多少个座位,有什么设置,他们所有的思想就全部体现在设计中了。这就是产品路标,就是客户需求导向。产品路标不是自己画的,而是来自客户的。"这段话出自任正非在 2003 年的一次内部讲话。

正如任正非所言,不管是做电信设备还是手机,华为的理念从没改变过,即以客户需求为导向。做任何产品,最重要的是,先去研究用户需要什么,喜欢什么,然后再去实现用户需求,进而为用户创造惊喜。

任正非直言:"我们要真正认识到客户需求导向是一个企业生存发展的一条非常正确的道路。"华为以前做产品时,只管自己做,做完了向客户推荐,说产品如何的好,这种模式在市场需求旺盛的时代是可行的。但是,现在形势发生了变化,如果继续埋头做出"东西"后再推销给客户,那东西就卖不出去。

2013 年,从 P6 手机开始华为踏出了研究消费者的步子。华为从消费者需求出发,通过 STP 方式①,对消费者展开了深入了解。这次调研以中国区智能机用户为研究对象,调研主要内容包括消费者心理动机、行为态度和生活环境。为了获得有着不同心理动机的用户群体,华为设定了六大调研目标:

◇ 了解不同消费者群体的特点(基本属性、生活状态、行业特征、价值取向);

◇ 不同消费者群体使用和购买智能机的动机,智能机对不同群体意味着什么;

◇ 消费者使用智能机的场合和行为特点,在使用过程中遇到的惊喜和痛点;

◇ 消费者对产品的需求和期望(外观设计、配置和创新);

◇ 消费者的购买决策过程(购买关注因素、决策过程的关键点、购买和信息渠道);

◇ 消费者对品牌的认知,特别是对华为及其竞争品牌的反馈。

最后,通过调研全国 14 个城市 1406 位消费者,8 种类型的用户集合逐渐呈现出来。他们分别是：积极掌控者、时尚先锋、身份彰显者、潮流追随者、科技粉丝、实惠社交族、传统沟通者、简单使用者。

在这 8 种类型用户群体中,团队把目光投向了最具代表性的 2 个高端群体：积极掌控者和时尚先锋。

终端团队给积极掌控者画了一幅画像：私企高层,1978 生,有着良好的家境,从来就是不听老师话但成绩优异的"好学生"。大学时就开过网吧,毕业时手上捏着五六个 offer,包括稳定的大国企,最终

---

① STP 分别指市场细分(Market Segmentation)、目标市场(Market Targeting)和市场定位(Market Positioning),它们是构成公司营销战略的核心三要素。

选择了一家私企,从技术底层干起。目前是该企业的董事之一。

这群消费者的年龄范围在 26～45 岁。这类人事业心强,对基础手机通信功能要求高,喜欢简单实用、能帮助管理工作与生活的技术,注重安全可靠及效率。对积极掌控者来说,手机是重要的交流和商务办公工具,也是身份地位的象征。

就男女比例来看,男性占比 64％,以高收入、高学历、高身份地位的成功人士为主;女性占比 36％,包括公司高层人士、事业单位/政府机构管理者、专业人士(律师/医生/教师)等职场精英人才。针对其生活状态、价值取向、手机使用程度的调查显示,积极掌控者对手机的基本功能、娱乐功能、交流便捷性、创新程度等方面都有着较强的需求,尤其对浏览网页、自动传输通讯录、使用日记/记事本、阅读邮件等商务功能,以及被盗远程清除/锁定等安全功能需求强烈。

在购买智能手机时,46％的积极掌控者会选择信任的手机品牌;45％的人并不追求最流行的智能手机款式,只要满足需求就行;66％的人要求手机的用户界面流畅,不容易死机。外观方面,31％的受访者特别关注产品是否有独具魅力的设计和外观。

在受访中,积极掌控者最常谈及以下观点:

"我需要有本地搜索、电子邮件、微博,以便给客户做演示。离开办公室后,需要用手机接收客户的邮件,也常常上微博与朋友联系。"

"电子邮件功能很重要。也期待内存更大,电池使用时间更长,能够录制较长的视频。"

"可以浏览微软 word、excel 的。如果我能编辑文档,那就更好了。电子书功能支持 txt、word、pdf 等各种格式。"

　　时尚先锋的消费者画像则是这样的：富二代，31 岁，家族企业经理，月收入 3 万元以上，生活无压力。正使用苹果手机，每月手机话费 300 元。喜欢改装车，经常和朋友赛车，对新鲜的体验充满激情。"我用的东西要能表达我的 taste(品位)，最近对中国传统文化很感兴趣，能够修身养性。"

　　大型公司的财务会计，30 岁，月收入 10000～15000 元。住高档小区，中国香港、韩国、新加坡等国家和地区是其首选购物地，对新鲜的体验充满热情。正使用苹果手机，是各种手机 App 的玩家高手。每去一处都有手机旅游攻略，正计划深度欧洲游。

　　这类人群的年龄集中在 30 岁以下，男性占比 52％，女性占比 48％。其群体共性在于没有金钱压力，对价格不敏感，消费水平高于其他人群。他们是潮流先行者，热衷于使用各种电子产品，享受科技创新，对生活充满热情。高收入、高学历、高富帅、白富美，这些词汇是常用在时尚先锋身上的标签，他们对手机的娱乐功能、配置性能、软件等方面的要求颇高。苹果、三星、索尼等是他们喜欢的品牌，而国产品牌对他们的吸引力不足。

　　时尚先锋常常谈及的是：

　　　　"我主要用它下载电影、玩微信、玩游戏、上网、看微博或购物。也用来查餐馆的评价，看看折扣商品。"

　　　　"速度快、双核。可以随时添加程序，可以将所有的东西上传到云端。"

　　　　"手机外观要时尚，就是要超薄，外壳可选择的颜色要多一点，手机运行速度要快。"

答案浮出水面

通过深入的调研分析,终端团队发现,终端可以从时装领域借鉴思路——而个性化模式和高品质极简模式体现在手机上并不矛盾。高端用户期待手机有流畅、快速的硬件底层作支持,高品质基础功能对高端用户而言仅仅是"标配",不同的高端群体又有各自的个性化需求。比如,积极掌控者更关心手机的信息安全问题,而时尚先锋则更青睐手机拍摄的效果等。

团队运用 STP 理论,最终找到了华为手机的目标消费者群体。团队将积极掌控者和时尚先锋两类人群统称为精英人士,设为华为高端手机 Ascend P 系列和 Mate 系列的目标消费者。不过只分析用户需求还不够,一次成功的产品设计必须是解决方案与需求的完美契合。团队综合自身能力优势,最终导出了 P6 的产品转型策略。

用任正非的话来说,这个策略就是:"手机的通信平台应该要做到世界最好。手机有三大功能:通信、图像、操作系统。通信功能方面,华为本来就是做通信技术出身,通信平台也不涉及操作软件的问题,做不好是没有理由的。图像功能方面,因为图像是模糊数学,是目前谁都做得不太好的新事物,我们有希望突破。操作系统方面,我们不可能做到全球最好,因此坚决不做,就与微软、安卓等系统捆绑,它们积淀了几十年的经验。我们省些力,搭搭车,何必一定要'自主'得光荣呢? 我们集中力量在自己能突破的地方,取得机会窗的利益。"

具体到产品的用户定位层面,Ascend P 系列主攻时尚感,为时尚先锋群体设计,在设计上重视拍摄效果和美图功能。而 Mate 系列则为积极掌控者设计,强调其商务属性和高度的安全性。华为研发了可以实现指纹识别、双系统、强力续航等功能的软件系统，以满足此类消费者的安全和探索需求。

而在产品的软硬件设计层面，终端团队在 P6 中给出了"极简化与个性化兼具"的答案。

硬件方面走极简化路线。P6 延续 P 系列手机超薄机身的设计思路，同时融入了书籍翻页时呈现的一体化弧度元素，非常简洁。4.7 英寸 720P 的显示屏在相同尺寸手机中实现了最窄边框设计，还做到了最大屏占比，用以保证用户最佳的握感以及触控体验。

一位华为用户写下了自己对 P6 的第一印象："背面干干净净什么也没有，没有堆参数的产品介绍，只有华为公司简洁的基本信息，这包装更像是一个礼品盒，算不算是华为展现出的一份自信？"当他打开盒子，取出手机后，翻开第一层看到了用三个小盒子分开放置的配件和说明书，这样的摆放十分整洁。华为在 P6 的设计中，从包装到手机外观再到内置功能，都围绕极简之美来打造。

底层保持极简，但在更上层的颜色和主题选择上，P6 则更为个性化。它不拘泥于传统的黑、白两色，新添了玫瑰金颜色，内置主题也加入了粉色元素以吸引更多的女性用户。余承东在微博上写道："玫瑰金色比土豪金（注：苹果 iPhone 5s 的颜色之一）优雅，是 Cartier 等奢侈品牌普遍采用的颜色。"

更重要的是，P6 在摄像头上下足功夫，首创了摄像头美肤功能。余承东要求工程师在华为研发中心搭建主客观场景，模拟不同的色温，并针对 200 多个场景进行优化调试，以达到最佳拍摄效果。此前，用户拍照后，需要用手机修图软件进行美化，非常麻烦。P6 采用 500 万像素前置摄像头，并自带 10 档自动美肤功能，让用户所见即所得,可以借手机发现自己另一面的美。

简单背后的不简单

P6 产品转型的背后其实是一次组织转型的实践,个中曲折,难以道尽。

余承东在微博上提到:"P6 采用了创新的开发模式,是华为终端历史上第一次由 ID 和体验来牵引整个开发设计的产品,完全从消费者体验角度出发,定能给大家带来最极致的使用体验。"

华为 P6 的设计团队名为 Dream Lab,成立于 2011 年,专门研究和开发最具潜力和前沿感、与众不同的产品,是华为终端的未来创新设计团队。这支"梦之队"由来自于 UI、用户研究、架构等不同领域的全球顶级专家组成。

在 P6 的研发上,华为终端内部组建了最高端的运作团队,比以往项目提升两个等级,Dream Lab 是其中一支队伍。从最基础的硬件,如射频、结构等,到协同的软件体验,终端均起用了最为核心的研发人员,由各个部门的高级主管领队,整个团队总人数超过千人。

比如,华为 2012 实验室就对 P6 的浏览器内核、"天天聊"应用、安卓内存管理等模块深度优化,由此大幅改善了用户体验和用户场景功耗。在追求美丽惊艳的路上,华为终端希望再次突破。

在外观设计上,P6 挑战 P1 极限,将机身厚度定在 6.18 毫米,决心打造全金属机身的全球最薄手机。余承东在微博上分享了一则趣事,欧洲一跨国大运营商 CEO 看到 P6 后,十分震惊,拿出自己的三星手机对比,说了一句:"Too plastic, I like your new metal phone."

（太有创造性了，我喜欢你的金属壳手机。）

全金属超薄机身的确令人期待，但要做到令人惊叹的效果，坎坷无数。以放置 SIM 卡的卡托部件为例，要想打造超薄机身，就要将卡托的厚度压缩到最薄，这对材料的硬度要求非常高。一方面，材料难找；另一方面，能够实施工艺的供应商少之又少。

华为起初找了一家技术领先的小公司合作，但在交付时发现小公司的批量复制和供应能力有限，无法满足大批量生产需求。无奈之下，只好与其终止合作，重新筛选供应商。

再比如说 P6 的金属电池盖，一般情况下，电池盖厚度在 0.4～0.5 毫米，但 P6 必须达到 0.3 毫米。由于工艺复杂，其良品率仅有 20% 左右，远远低于良品率 60%～70% 的量产标准。

为了制造出达标的产品，华为的供应商整整试制了 100 万片之后，才提高了良品率，终于可以实现量产。

从 2012 年 12 月起，为了保证量产的顺利进行，华为将公司结构件、ID、质量、生产制造等领域的专家分别派往各个核心供应商，保证每个供应商处都有一至两名工程师。在数月的时间里，华为专家和供应商一起，保质保量地生产出了符合标准的部件。

在全员上下的通力合作过程中，华为内部人员的思维模式得以转变。尽管从运营商转型消费者终端的决议早已有之，但转变的过程漫长又艰辛。幸而在 P6 的研发合作时，各部门员工互相交流和学习，才对消费者思维模式有了更深入的理解。

"P6 在工艺能力、架构设计等关键技术上，领先苹果、三星 1 年以上。"余承东谈及，这款新手机之所以跳过 P3/4/5，直接取名为 P6，就是因为它可以"PK iPhone 6"。即使 iPhone 6 在 1 年后推出，也不会比 P6 更薄。

不犯错也是能力

自 20 世纪 90 年代开始,新的商业世界格局进入一个极度 VUCA 的世界。VUCA 指的是不稳定(Volatile)、不确定(Uncertain)、复杂 (Complex)和模糊(Ambiguous)。就智能手机行业的发展进程而言,当 产业链逐步趋于成熟,一味寻求奇招妙式、期望实现大步跃迁并不明 智。由于计划赶不上变化,奇招有很大概率沦为昏着。

白热化竞争之中,"一着之失,人皆见之",这时比拼的反而是谁 能走得更谨慎稳健,也即"不轻易犯错"的能力。表面上看,蛰伏和忍 耐未免过于平淡,算不上什么了不得的策略,但事实上它尤其适用于 红海战局。

乍现机会窗

在激烈的商业竞争中,信息不对称是所有产品设计者都要面对 的障碍。

每个用户每天会做出无数选择,选择去哪儿吃饭,选择购买什么 样的产品,选择将时间消耗在什么地方。每个选择的背后,都是一次 次比较的过程,选择一个产品就意味着放弃了与它同类的 n 个产品。

产品设计者常常假设自己能拥有用户的全息视角,能清楚看到 自己的产品是如何在竞争中被选中或被放弃的,但事实往往比他们 自以为的情况更加复杂。一些微妙的心理因素或市场环境变化都可 能左右用户的选择,令提前做出精准预判变得愈发不现实。

　　应该如何摆脱"无法看清市场全貌"的困境？这一问题通常有两种不同看法。一种看法认为：产品在用户选择中能"胜出"的决定因素是由产品与对手的相对优势决定的。因此，只要我们能从各种渠道搜集、获得竞争对手的信息，就能确定自己产品的相对优势占位；只要卡住这个比较优势的位置，就能赢得胜利。而另一种看法则认为：了解竞争对手、看清相对优势只能辅助我们做出判断，比它更重要的还是深度把握用户需求、创造新价值的能力。

　　其实这两种看法并没有优劣之分，问题的关键是我们究竟处于怎样一个市场阶段。我们现在看 2013 年的中国智能手机市场，会说市场已经开始驶入红海——产业链上下游逐步成熟，参与竞争的厂商间存在差距但差距并非不可逾越。换句话说，在这样的市场环境中，大家比拼的不再仅仅是"把事情做对"的能力，而是确保自己不犯错、不懈怠的能力。

　　2013 年 4 月，三星发布 Galaxy S4(简称 S4)。

　　1 年前 Galaxy S3 售卖时的惊艳火爆场景还令人印象深刻，时隔 1 年，三星将屏幕由 4.8 寸提升到 5 寸，分辨率拉高到 Full HD(1920×1080)，期待延续 S3 的成功。不过三星在 S4 上的野心显然不止于复制 S3，这一点从它搭载全球首款八核异步处理器 Exynos 5410 就能窥见端倪。在芯片能力上更上一个台阶才是三星战略侧看重的要点。遗憾的是，作为全球八核异步处理器的领跑者，当时的 Exynos 5410 还不够完善，其双四核处理器在性能方面表现不佳，出现了比较严重的发热情况。从 4 月 S4 发布到 6 月华为 P6 发布，中间还有 2 个月时间的市场反馈期，三星的小"失误"给华为打开了一扇宝贵的机会窗。

　　再看苹果。

我们知道,苹果的产品发布周期一般会遵循"Tick-Tock"的规律。这一更新方式源自软件领域,英特尔是最早使用"Tick-Tock"方式的公司。"Tick-Tock"这个拟声词源自时钟秒针所发出的响声,每一次"Tick"代表着一代微架构的处理器芯片制程的更新,比如缩小芯片面积、降低能耗、减少发热量等,进行较大的创新改变,而每一次"Tock"代表着在上一次"Tick"的芯片制程的基础上,更新微处理器架构,提升性能。

一般情况下,"Tick-Tock"的周期为 2 年,"Tick"占 1 年,"Tock"占 1 年。英特尔认为,每一次处理器微架构的更新和每一次芯片制程的更新,应该错开时机,这样才能使微处理器芯片设计制造业务更有效率地发展。

在手机界,苹果也沿用了"Tick-Tock"模式,每一次"Tick"是一次新品问世,而每一次"Tock"是对产品软件的一次升级。这样做也契合用户手机更换的周期,保证果粉们总能在换机时找到令他们满意的 iPhone。比如,苹果在 2010 年发布 iPhone 4,2011 年则发布升级版 iPhone 4s;2012 年发布 iPhone 5,2013 年则发布升级版 iPhone 5s。这一周期特性对华为意义重大——P6 发布时间恰好落在苹果的"Tock"年上。

对高端用户群体而言,两个最大选项(苹果、三星)都出现了期望值下调的迹象。再看华为这边,由于 P 系列前几款产品不够理想,用户对 Ascend P6 的期望值其实并不高。一位网友甚至提出,P6 设计不用玩新花样,对它的要求只有最基础的六点:

◇ 系统稳定,接打电话、充电等任何时候都能保持稳定;

◇ 控制好发热;

◇ 在拥有超薄机身的情况下,内置电池也能正常续航一天半;

◇ 大部分应用(常规游戏)兼容流畅；

◇ 主打工艺卖点，确保无可挑剔；

◇ 拍照效果不差于三星高端系列。

一边是三星、苹果的预期下调，一边则是 P6 铆足了劲追赶。此消彼长之下，华为在高端智能机市场开疆拓土的机会终于来临了。

立体渠道，合纵连横

机会只会眷顾有准备的人。当它悄然降临时，如果没有识别它的眼力、抓住它的能力，它随时可能转身溜走。幸运的是，密切关注市场变化的华为终端团队看到并抓住了这次良机。

P6 发布会后，余承东立即稳、准、狠地做出决策，在定价方式、渠道选择等方面全力出击。

首先，在定价方式上确定了"欧洲高、国内低"的原则。

在正式发布前，就有超过 260 万名消费者在华为官网上预订了P6，他们能够享受 2488 元/台(国内定价 2688 元)的优惠价。相较于国内的各种优惠，P6 的海外售价高达 449 欧元(约合人民币 3680元)，两者相差 1000 元之多。此外，P6 还会在中国率先 1 个月上市。

P6 的定价问题在发布前掀起了不小的议论。余承东曾在微博说，每个看到 P6 真机的人都很震撼、很喜欢，都认为其价格应该超过3000 元。他转发友人的建议称：P6 手机，定价在 3500 元以上比较合适，符合国产高端预期，定低了，尤其是 3000 元以下将不能体现高端形象。

至于为什么海外价格高于国内，华为给出的理由是，欧洲等地区消费者除注重品牌和价格，更关注产品本身的质量与性能，消费更为理性。定价更高，并不代表华为不重视海外市场，正好相反，对于华为来说,国外市场一直是重点。

P6 产品发布会在伦敦举办,一方面是为了展现华为的全球化视野,另一方面更重要的是,海外市场占到华为营业收入的七成以上,而欧洲是华为终端除中国之外的最大市场,选择在伦敦举办产品发布会,代表公司对欧洲市场的重视,以及决心深耕欧洲市场的决心。余承东说:"华为终端目标是成为全球智能手机的知名品牌,欧洲也是华为优势最强的地区。"P6 在英国发布,让全世界认识到了中国企业的研发能力,华为终端也迫切希望通过国际化的平台结合惊艳的产品来快速提升品牌知名度。

结合国内消费环境来讲,此次巧妙的定价策略,的确也使得一些国内消费者认为:"比欧洲便宜 1000 元还能买到这么高大上的手机,一定超值。"

其次,在渠道选择上 P6 更有底气,开始增加社会公开渠道的份额。

华为的底气体现在 P6 的备货上,一开始就备了 300 万台。余承东要求,按照"以我为主"的市场底气备货,即以华为内部认定的这款手机市场需求有多少,然后按照这个量去匹配所有资源。

在此之前,华为没有一款高端手机达到过 300 万台的销量,卖得最好的中端机也只有 100 万台的销量。这一次,如果华为走错一步,错过一个合适的时间点,那么 300 万台的备货可能瞬间变成库存,使公司面临巨大的风险。

尽管如此,余承东还是自信地放话,将 P6 的销售目标定为 1000万台。按计划,国内目标销量约为 600 万台,国际市场为 400 万~500 万台;社会公开渠道销售 30%,电商渠道销售 10%,运营商渠道销售 60%。

占比最大的运营商渠道依然给了华为大力支持。在中国联通集团 P6 手机上市全国部署视频会议上,聚集了来自全国的 300 多个本地网及渠道零售合作商。中国移动甚至决定,借助华为 P6 的发布,将中国移动 2013 年手机终端销售量从 1.2 亿台提升到 1.5 亿台。

但从渠道表现上来看,华为最重要的转型还是加重了其社会公开渠道的布局。电商渠道方面,P6 以华为商城为主,同时加强了与京东等电商的合作。线下渠道方面,2012 年华为就制定了"16＋4"战略。"4"是指苏宁、国美、迪信通和乐语,"16"是指全国零售能力 Top 16 区域。2013 年更是计划拥有超过 500 家加盟店。华为吸取了以往的运营经验,为线下渠道商家留出了足够的利润空间。相比其他高价格品牌,P6 通过一系列举措开始逐步夯实自身的渠道优势。

在立体的渠道架构下,P6 手机在 2013 年 7 月份的单月销量就超过了 30 万台,根据市场调研机构赛诺统计,在 2500～3000 元的机型里,第一次有产品达到这样的销售规模。2013 年,华为 P6 的销量超过 400 万台,成为当时华为的高端机之最。更难得的是,华为的渠道操盘能力提升后,P6 的整体价格没有出现大面积跳水现象,也没有出现乱价现象。

做好自己就能活下去

一群人集合在一个隐秘的地点,交接了一个 VIP 箱子。运货人带着箱子一路跑酷①,经过全球各大城市的标志性地点,最终抵达 P6

---

① 一种时尚极限运动,以日常生活的环境(多为城市)为运动场所。

发布会现场的门口。这条名为"VIP：Very Important Product"（非常重要的产品）的视频在 10 天内获得了 100 多万次点击，华为终端在 YouTube 的订阅用户由此增加了 6000 多人。

越来越多的消费者给予华为积极的回应，P6 的转型成绩无疑给余承东和华为终端注入了信心。正是因为有足够的信心，华为才敢花费上亿元的营销费用，调动数字媒体、互联网、传统媒体，以及运营商，为 P6 进行全渠道营销。

事实证明，这样的付出是值得的。在 P6 的整个生命周期内，销售总量达到 400 万台，尽管没有达到 1000 万台的高预期，但仍然创造了当时华为终端的最好成绩。

这款点燃转型导火索的产品还让华为认识到：做手机也像炒股一样，好产品就如同绩优股，先在前面快速爬坡，带来销量和口碑之后，潜在用户才会很快跟进。

任正非在 2013 年的一次谈话中谈及："品牌的根本是诚信。今天，运营商客户问我，华为成功的秘诀是什么？我的回答是诚信。在行动上，关键是产品与服务要做好。我们和三星是不能比的，三星不是今天手机才这么厉害，三星是从几代的产品走过来的，它已经有了很多渠道，很多积累。有人说我们的手机已经有超过苹果的东西了，他说的是技术。我们不仅要重视产品的技术能力，更要重视用户体验与服务。"

这段话强调了坚持做诚信产品，优化体验与服务的重要性。正是从这时候开始，华为价值观从"低成本"走向"高质量"。在任正非看来，高质量就是要给客户提供高质量的服务和体验，同时要让器件厂家有合理利润，采用高质量的器件做出高质量的产品。这样一来，产品成本可能会提高，但是却能够产出更大的价值。

"我们做得实实在在一些，抗风险能力就强一些，我们在国际竞争和经济起伏中就平稳一些。"任正非将高质量划分为两项内容，一是产品本身的质量，二是提供给消费者的服务和体验。在此之前，华为对高质量的追求仅限于产品本身，极少谈及用户体验或者品牌营销。

余承东认为，终端转型 2 年以来，坚持精品战略，聚集中高端智能机，这些产品上市后的消费者反馈令华为越来越有自信，P6 更是一次历史性的跨越。2 年后，任正非从华为终端的实践中总结认为，华为终端坚持质量第一的道路，是正确的，华为已经慢慢追上来了。

P6 发布时，没有英国运营商选择 P6 进行渠道售卖。余承东非常清楚地知道，只有品牌起来了，高端起来了，运营商才愿意选择华为。终于，在 P6 创造了品牌影响力之后，运营商慢慢主动开始与华为合作。

3 年后，华为 P9 发布时，英国四大运营商全成为渠道合作伙伴。余承东讲："以前我们发布 P6 时，一个国家四五个运营商，最多有一个运营商和我们合作，现在全部选我们。"

的确，P6 带给了华为可喜的成绩，但更重要的是信心的建立。在此前多次失败之后，P6 就像一管强心剂，让华为终端看到了希望，成功带动了 Ascend P 系列未来的发展，华为品牌也由此被更多消费者认可。

从 2013 年看未来，华为必须挤进全球前三名，才能在手机业生存下来。余承东说，华为始终面临能否活下去的问题，但也要让全世界消费者看到，全球最好的手机来自华为。

早在 2000 年，任正非在《活下去，是企业的硬道理》一文中就阐明了华为的生存理论,将活下去确定为华为公司的最低要求。这些理论,同样指引着华为终端的发展道路。

　　为了长久地活下去,华为已经做好了马拉松长跑的准备。无论是收入还是利润,华为终端都将是华为未来重要的组成部分。做中高端产品,正是华为终端从红海里走出来,实现有一定利润支撑的可持续发展的重要一步。

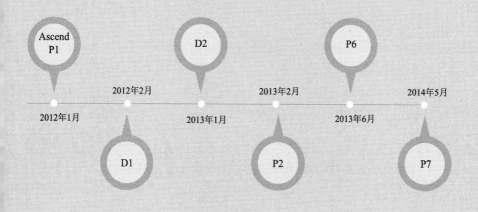

第五章

选择：灰度哲学

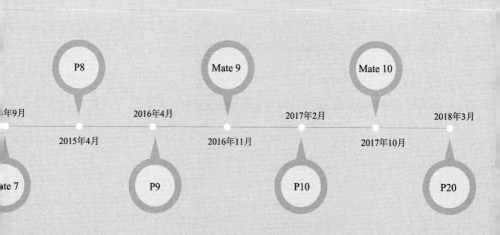

世间万事万物，一开始都是混沌不清的，在看清方向之前往往要经历一个漫长的过程。在这个过程中，很多事情都不是非白即黑、非此即彼，或者一定要有个是非之分的。黑白之间，就产生了一层灰色。

任正非时常把"灰度"一词挂在嘴边。他对此的理解，灰度不是指代那些无法见光的事物，而是强调用发展的眼光看待问题，学会包容、妥协，寻求管理以及系统的整体和谐与平衡。合理地掌握合适的灰度，使各种影响发展的要素在一段时间和谐的过程叫妥协，这种和谐的结果叫灰度。

华为荣耀的诞生，就是一个灰度的显现过程。我们可以看到，在面对"是"或"否"的选择时，华为自创了第三种非绝对选择。

站在风口上

"昨天发生了一件大事，一代巨头谢幕了。今天的小米就像早上的太阳，一点点升起。我们大家一起来见证，一个新时代的开始。"2011 年 8 月 16 日，雷军穿着黑色 Polo 衫，蓝色牛仔长裤，站在北京

798 艺术园区的演讲厅台上,面对现场 400 位观众,微笑着讲出了自己的开场白。

在说到"一代巨头谢幕"的时候,现场响起了笑声和掌声。因为他们都意会到了,雷军讲的是谁。2011 年 8 月 15 日,谷歌宣布用 125 亿美元买下摩托罗拉移动,这成为谷歌历史上最大的收购案。当时谁也不知道,3 年后,谷歌会用 29 亿美元把摩托罗拉"贱卖"给联想。

如今,"哈罗,摩托"的声音已经越来越遥远。雷军说得没错,"大哥大"谢幕,新潮涌起,一个新的时代开始了。而他所创立的小米,正站在可以让猪飞起来的巨大风口上。

作为一个 15 年内用了 53 部手机的"发烧友",雷军说,他想做一款自己想要的高性能手机。在创立小米时,他已是金山软件的董事长,一位名副其实的成功人士。

台上的雷军让人想到了一位互联网教父,这位神话一般的人物也是雷军崇拜多年的偶像。20 世纪 90 年代,在武汉大学念书的青年雷军读到了一本名为《硅谷之火》的书,他说:"这本书改变了我的一生。"

在这本书讲到的众多美国 IT 名人中,他最喜欢乔布斯。"80 年代是乔布斯的年代,他是全世界的 IT 英雄,他在当时的影响力绝不亚于今天。"偶像的力量是无穷的,前辈们创业的艰辛、成功的喜悦、守业的曲折、失败的痛苦,以及逆境拼搏的精神,在雷军的内心深处一直翻滚。

他在心里暗下决心,有一天要成为乔布斯那样的人。20 年后,人们这样评价他的出场:"雷军昨日的出场扮相,像极了乔布斯,而整个小米手机发布会现场也与每年苹果的产品发布会如出一辙。"

在一声声"雷布斯"的呼唤声中，雷军公布了一个个小米第一代手机 M1 的技术参数，引来观众们一连串尖叫和掌声。按照正常逻辑，普通人搞不懂那些冰冷的数据，所以有人怀疑小米请了托到现场造势。但实际上，并不存在什么托，因为台下有一半的人都是来自一个名叫 MIUI 的网络社群。

小米选择在 2011 年 8 月 16 日开发布会，也并非提前知道了摩托罗拉会在前一天被卖掉，而是因为在 2010 年的这一天，小米创立了 MIUI 社群。在这个社群里，一开始只有 100 位用户，他们自愿帮助 MIUI 做系统测试，因而被称为"勇士"。仅 1 年时间，MIUI 社群就聚集了 50 万名粉丝，这些对智能硬件感兴趣的发烧友们，从此不再孤独。

在"米粉"眼里，技术参数是鲜活的，而雷军就是"中国的乔布斯"。他们给予雷军的赞扬和热爱，丝毫不比乔布斯的少。他们更让雷军感受到，他不是一个人在战斗。他们的狂热甚至让雷军拥有了战胜乔布斯的信心。

"小米手机的运算速度是 iPhone 4 的 3 倍，售价不到 iPhone 4 的一半。"雷军用高性价比的产品向教父乔布斯发起了挑战。他说："乔布斯我没见过。他的问题我都想明白了，就算见了，我也没什么问题可问他的。对他本人，我已经没什么好奇心。"

就在 M1 发布 1 周后，乔布斯宣布不再担任苹果公司 CEO。雷军在 2011 年 8 月底接受《创业家》杂志采访时说："乔布斯有一天也会过世，所以我们还有机会。一方面，我们衷心希望他万寿无疆，另外一方面，我们不希望他太强的光芒使这个世界黯然失色，我们希望这是个五色斑斓的世界。"

10 月 6 日，乔布斯离世。即便是雷军想见这位曾经的偶像，他也见不到了。此时,M1 正式上市,第一次正式网络售卖当天,5 分钟内就卖出了 30 万台。这样的开局,让雷军满心欢喜。最让人震撼的是,全部交易都在网上完成,没有任何线下渠道。这种购买方式,也在无意中为小米增添了与众不同的色彩。

似乎所有的迹象都在暗示着,小米将成为下一个苹果,整个世界都在为它让路。

几家欢喜,几家愁

从 2011 年开始,互联网商业正式和传统商业齐肩,互联网创业者们激情澎湃,立誓“干掉”传统商家。雷军顺势提出的“专注、极致、口碑、快”互联网七字诀,成为人人会背的创业口诀。当然,互联网商业成功背后的功臣,不止雷军一人。和他站在一起的,还有很多强大的同行。

2011 年,阿里巴巴第三次举办“双十一”促销活动,1 天之内创下 52 亿元的销售神话,较 2010 年同比增长 5 倍之多。2200 家网店加入到了这年的狂欢中,是第一届双十一商家数量的 90 倍。阿里巴巴的崛起,颠覆了传统商业的逻辑,挫败了传统商家的锐气。那些 1 年前还对电商嗤之以鼻的人,如今就像热锅上的蚂蚁,急着在线上开店。

这一年,腾讯发布了一个叫作“微信”的手机移动应用。1 年时间内,超过 5000 万名用户的手机上增加了这个绿色的图标。他们每天都会无数次地点开这个应用,满足自己的社交需求。对于腾讯创始人马化腾来说，他找到了公司进入移动互联网世界的船票。

人们的生活开始对互联网产生依赖。

在新浪微博上，数千万网民每天都在用 140 字的短文表达自己的观点，他们相信自己的声音会被世界听到，他们更相信集体舆论的力量可以改变世界，他们以正义之名创造自己理想中的社会。

如果想买衣服，人们可以在淘宝、聚美优品、唯品会上"逛街"；如果想出去旅行，可以在去哪儿网、携程网上订票、订酒店；如果想下馆子，可以在美团、大众点评上买团购折扣券……

互联网创业的潜力，让资本嗅到了机遇。清科研究中心数据显示，2011 年，中国互联网披露的投资事件为 202 起，披露金额的案例投资总额为 67.40 亿美元。资本关注焦点集中在电子商务、社交网络、网络游戏、网络营销与服务领域。

躁动的互联网创业，催生着一个又一个资本的宠儿，几乎每天都在诞生奇迹。人们愈加笃定，一切皆有可能。然而，世间万物都会处于一个平衡的状态，有人欢喜就有人愁，有起就会有落。在热闹的对面，就会有刺人的冷寂。

对于传统线下商业来说，2011 年的日子很不好过，他们感受到了来自互联网的强烈冲击。这一年，全国知名体育品牌李宁在全国的门店超过 8000 家，公司总收入 89 亿元，但全年利润仅 3.86 亿元，仅相当于 3 年前的一半。2008 年，李宁有 6000 多家门店，总收入 67 亿元，净利润达 7.21 亿元。

未来 4 年，李宁品牌深陷创立 20 年来最大的危机：库存严重，品牌失势，成本上涨，利润率下降，疯狂关店，投资人退出，高管层"地震"，大幅裁员，业绩持续亏损……直到 2015 年，李宁才扭亏为盈，喘了一口气。然而，在体育用品领域，有好些企业没能熬过这一次寒冬,落后了就再也没有跟上来。

不只是运动品牌如此,鞋业、服饰品牌、商场、超市等传统商业无一例外地在 2011 年前后陷入了难以想象的困境,一大波品牌就此陨落,人们后来把这一切的凄惨归结于互联网的冲击。

此时,互联网企业的燥热和传统商业的冷清形成了强烈对比,这让人们一度认为,互联网将战胜传统商业,成为新的霸主。2012 年的"CCTV 中国经济年度人物"现场,王健林和马云的"一亿赌约"①将线上和线下两大商业模式推向了对立的高潮。

不可否认,互联网给实体商业带来了巨大的冲击。这股力量不仅冲垮了传统商业形态,更是颠覆了传统商业思维。看着互联网创业公司肆无忌惮地"烧钱",传统企业的心中不免感到一阵恐慌。在黑夜中,这些企业的管理者们都问过自己,是否应该放弃旧业务,彻底转型互联网?这是一个艰难的选择,不转型是等死,转型就是找死。

如果一定要划分阵营,2011 年的华为只能站在传统商业一边,而且它是队伍中最庞大的一个。无数双眼睛盯着这一头大象,猜测着它未来的命运。在互联网冲击波面前,华为怎么做?它会继续在传统航道上行驶,还是跨越到新航道从头做起?其实,这两条看似矛盾的路线,在任正非眼里却是统一的,因为它们都为华为的主航道服务。

---

① "一亿赌约"起源于 2012 年年底的 CCTV 中国经济年度人物颁奖盛典。当时王健林与马云打赌说:"2020 年,如果电商在中国整个大零售市场所占的份额达到 50%,我给马云一个亿,如果没到他给我一个亿。"

华为正在走向必然死亡吗？

在小米 M1 的发布会上，雷军邀请了自己的一位老朋友——凡客诚品 CEO 陈年。早在 2000 年，他们二人就在创建卓越网时相识，成为搭档伙伴。2007 年，陈年创立凡客诚品，雷军是投资人之一。2011 年，雷军做小米手机，凡客为其提供仓储和配送服务。

此时的陈年，春风得意。2010 年，一种叫"凡客体"的语言红遍全国。凡客邀请了韩寒、王珞丹等名人为其代言，用个性化的广告语引领了一波时尚热潮。比如韩寒的凡客宣言是："爱网络，爱自由，爱晚起，爱夜间大排档，爱赛车，也爱 29 块的 T-SHIRT，我不是什么旗手，不是谁的代言，我是韩寒，我只代表我自己。我和你一样，我是凡客。"

在病毒式广告的刺激下，凡客创造出了平均每天销售近 20 万件 T 恤的成绩，年增长率 300%，这让陈年感到骄傲。因此，在 2011 年，凡客投放了 10 亿元作为广告费，提出了冲刺 100 亿元的销售目标。同时，公司规模迅速扩张，从 3000 人发展到了 1.3 万人。率领着这支万人队伍的陈年在 M1 发布会上说："希望小米手机像凡客 T 恤一样卖得好。"

在 B2C 网上服装业零售市场，凡客成为一个模仿的样本。然而，在闪闪发光的背后，危机正在靠近。2011 年年底，凡客的库存高达 14.4 亿元，总亏损近 6 亿元。自此，刚刚引爆了流行的凡客陷入了和传统企业相同的困境。直到 2016 年，凡客才甩掉了库存包袱，小心翼翼地重新回到大众的视野。

从凡客的大起大落中，我们应该明白一个不变的道理，在任何时候，商业的运转都有一些必须遵守的基本常识。看似轻巧奇特的互联网商业模式，如果违背了基本常识，就算插上了翅膀也飞不起来。

可惜，人们装作看不见凡客的落败，眼里只有小米的光芒。大家嘲笑华为像傻子一样的逆风飞翔，赞扬小米的顺势而行。当时，创业者面前出现了两条可以借鉴的道路，一条是华为的路，需要负重前行，很累很难，看起来还有一点过时；另一条是小米走的路，轻盈、时尚，散发出新鲜的香甜味。

既然有捷径可走，何乐而不为呢？因此，市场上涌现了越来越多的小米崇拜者，而任正非每年都在强调的聚焦、吃苦耐劳和自我批判精神，被描述为"老人的唠叨"。

在好几年的时间里，外界的质疑一直环绕在华为周围，刺耳的声音从未断绝。酷6网创始人、中欧创业营发起人李善友在2014年的一次演讲中以批判的口吻对任正非和华为"开炮"，他认为，华为擅长的"跟随战略"在颠覆性创新的竞争环境里并不适用，这家公司正浑然不觉地走向"必然死亡"。

为了证明自己的判断，李善友在演讲中给出了这样的理由：

> 2013年，小米的出货量仅是华为出货量的36%，收入却是华为的60%，利润是华为的200%，净利润率是华为的350%。从这些数字能看得出来，华为手机虽然在销量上超过了小米手机，但在移动互联网时代最有机会的业务已经被后来者给追上了。

　　为什么？我认为这样的战略失误可以被"创新者的窘境"所
解释：颠覆性创新往往最早出现在大公司，但常要为主营业务
的增长让路，结果扼杀了非主营业务大放光芒的机会。

　　这次演讲后，诸多媒体以"华为身处'创新者的窘境'，而浑然不
觉""李善友：华为正在走向死亡"之类的标题进行了原文刊登，引起
了舆论的强烈关注。关于华为是否会在这个时代落后的讨论，不绝
于耳。有很多人说，任总老了，疲惫了，露怯了。

　　在公司内部，类似的讨论也从未停止。更可怕的是，在这些年，
华为员工频频跳槽到了所谓的互联网创业公司，试图寻找新的未来。
他们宁愿赌一个未知的明天，也不想在恐慌中和公司并肩作战。这
是令人最寒心的事情，但它的确发生了，而且无法通过强制手段去
制止。

　　那些认为华为已经过时、落伍的人，纷纷离开了这个队伍。不
过，几年后他们会发现，自己当初的预判错了。华为将用行动证明，
艰苦奋斗是永不过时的商业常识。

荣耀迷局

　　与华为、三星等以传统渠道为主的手机品牌不同，小米手机采用
了电商销售模式。雷军表示，线上销售能够降低渠道成本，以此让利
给用户。这也让用户们有理由相信，小米实现了低价高质的超高性
价比。

　　经过小米的实践,业界开始大力提倡"互联网＋"的直销模式,认为这是实现渠道管理效益最大化、最简单高效的手机分销方式。更有甚者认为,线上渠道既便利,又节约成本,而且互动参与性强,完全可以代替传统渠道,成为消费者市场的主宰。

　　在手机领域,2012年整个电子商务占手机销售市场的份额约8％,2013年这个数字升至15％,并且呈现继续上升的趋势。

　　小米模式崛起的同时,传统渠道则陷入寒冬。在手机市场,曾经门庭若市的线下门店,人流越来越少,好不容易有几个到店的消费者,都只是看看真机,然后再回家在网上下单,因为网上能买到更便宜的产品。此外,对于传统渠道尚未深入的四六级市场,电商则能不费一砖一瓦,快速覆盖。

　　再看运营商渠道,很早之前,中国联通、中国电信、中国移动就对手机业务实行补贴,这个方法可以让使用智能手机的签约用户增大话费开支,鼓励用户购买新智能手机,同时对于数据化方向的新业务推广也有促进作用,比如推广和普及 3G/4G 网络。因此,补贴政策对于运营商和手机商来说,都是有利的。

　　然而,2013年,三大运营商的补贴额从上一年的 700 亿元左右减少到 569 亿元。业内认为,这还只是三大运营商下调补贴额度的开端。果然,2014年7月,国资委发布通知,要求三大运营商削减销售和营销成本约20％,当时三大运营商的营销预算约 400 亿元人民币,而其中三分之一以上是用于补贴手机产品。于是,到了 2015 年,三大运营商补贴的目标金额降为 319 亿元。

　　虽然运营商在全国大力设立了许多具有销售功能的营业厅网点,但其所能创造的销量远不能和补贴时代相比,而且还给传统的门店带来了竞争压力。

在传统渠道普遍不被看好的情况下，小米模式被看作是一种能够帮助手机商快速开辟市场的创新方法。2012 年、2013 年，类似小米的互联网品牌手机一个接一个地出现在市场，其中不乏大企业成立的子品牌。

比如，中兴推出努比亚(nubia)手机和红牛手机，金立推出 IUNI 手机，联想创立子品牌 VIBE，酷派发布大神手机。另外，21 克手机、一加手机、大可乐手机、小辣椒手机等一系列互联网新品牌也扎堆出现在消费者面前。

有人认为，谁能在电商渠道率先占据大市场，谁就有可能在中国市场上大获成功，超越小米。

毫不掩饰地说，华为荣耀是在互联网市场的影响下创立的，并且剑指小米。在小米正式发布前，余承东就在微博上透露，说华为会推出一款和小米类似的产品。

2012 年，华为连续发布了荣耀第一代和第二代 2 款产品。以荣耀 2 为例，这款手机售价 1888 元，主打高速度＋长待机。通过邀请奥运冠军微博发文等互联网营销方式，荣耀 2 达到了近百万台的销量。与同年年初重磅推出的高端手机 Ascend P1 相较，荣耀 2 的成绩十分抢眼。

虽然对外不敌狂热的小米，但对内来说，荣耀产品在短时间内就成为单机利润最高的产品，订货量曾达到最高 5 万台/天，其未来前景被很多人看好。这时候曾有内部人士提议，华为做高端品牌缺乏优势，不如放弃华为品牌，只做荣耀。

华为再一次站在了选择的十字路口。

别蒙着眼乱飞

任正非认为,华为的长项就是傻,公司从上到下都是大傻瓜。为什么呢?因为不管情况好不好大家都使劲干。努力的人多了,自然而然就能摸到方向。在这个社会,不需要太多聪明人,像阿甘就很可爱。如果满社会都是聪明人,谁来种粮食?华为还是需要一砖一瓦做起来的。

当许多聪明人选择离开华为的时候,任总最担心的是,一旦大家看不清局势,就会自乱阵脚,走向错误的道路。公司不能对浮躁的现象视而不见,而是必须想办法给大家打一针强心剂,帮助迷茫中的队友认清方向,找准目标,让大家不至于迷失自我。于是,在互联网大环境的压力下,华为通过"三步走"战略,唤回了队伍的清醒。

第一步:认清互联网

在人类历史发展中,每一次技术的更迭都会带来大变革。

1785年,瓦特创造的改良型蒸汽机投入使用,替代了人力,提供了更加便利的动力,极大提高了效率,人类社会由此进入"蒸汽时代"。第一次工业革命期间,纺织业的生产效率提高了10倍,棉布的价格大幅下降,产业迈向规模化和标准化,城市进入现代化。

一个世纪后,德国人西门子制成了发电机;19世纪70年代,实际可用的发电机问世。此后,电器开始代替机器,电灯、电车、电影放映机相继问世,人类进入了"电气时代"。

在第二次工业革命期间,出现了很多现代大型公司,比如通用电气(GE)。从现在看过去,老牌大公司的创立不是偶然的,它们的创始人抓住了工业革命的机遇才有了发展。

1950年前后,计算机的问世标志着第三次技术革命的开始。在这一时期,大量创新企业登上舞台。比如惠普、微软以及苹果,它们都是现今辉煌的科技企业。

从前三次技术革命中可以发现,过去200多年来,每一次工业革命,都会引领一波经济浪潮。一些企业会到达浪潮之巅,也有一些企业会被浪潮淹没。技术浪潮带来的极端结果,让人又期待,又害怕。有的人惧怕科技,惧怕改变,但科技真的可怕吗?互联网真的会颠覆所有吗?

当互联网产品用低成本、低价格、低质量侵占市场时,任正非提醒大家说,这样的方式将会摧毁未来的战略竞争力,互联网把产品利润打得太低,实际上是在战略上破坏产品,这样的做法其实是在自杀。他认为,互联网是个实现工具,实业才是就业和社会稳定的基础。

2013年年底,任总发表名为"华为要做追上特斯拉的大乌龟"的新年讲话,针对互联网问题,提出了鲜明的观点。他认为,在一个创新现象面前,只有认清它的本质,才不会惊慌失措。运用新技术的前提,是要认识它,了解它的边界和实质。

对于互联网时代,任正非的理解是:

> 不要为互联网的成功而冲动,我们也是互联网公司,是为互联网传递数据流量的管道做铁皮的……别光羡慕别人的风光,别那么为互联网冲动。有互联网冲动的员工,应该踏踏实实地

用互联网的方式,优化内部供应交易的电子化,提高效率,及时、准确地运行……深刻地分析合同场景,降低损耗,这也是贡献,为什么不做好内互联网呢？我们要数十年地坚持聚焦在信息管道的能力提升上,别把我们的巨轮拖出主航道。

在外界鼓吹互联网将破坏旧有秩序的时候,任总告诉大家,不要慌张,华为虽然没有在嘈杂的外部张扬,但一直在互联网内部创造着巨大价值,互联网早就融入了华为的主航道。

与此同时,任总明确提出:"我们只允许员工在主航道上发挥主观能动性与创造性,不能盲目创新,发散了公司的投资与力量。四面八方都喊响创新,就是我们的葬歌。"

互联网是什么？从任总的多次谈话中,可以总结为,互联网是公司降低成本、提升效率的工具。它并不会颠覆产业,更不可能摧毁一家公司的核心商业逻辑。互联网应该是一家公司为客户创造更高价值的有效工具。

"互联网是个实现工具,实业才是就业和社会稳定的基础。我们的目的是发展实业,解决人们的生存、幸福问题。互联网对实体经济的意义,是可以提升实体经济的核心竞争力。"任总提出,蒸汽机和电力都曾在产业和社会生活中起过革命性的作用,但这些技术革命不是颠覆,而是极大地推动了社会和生产的进步,互联网也不例外。

互联网不是魔法,也不是万能药,它就是一个技术工具,没有人们想象的那么可怕,也没有那么神奇。只有冷静下来,才能理智地看待新事物,做出正确的决定。

第二步：定义互联网精神

华为是一个深受文化精神影响的公司,在"以客户为中心""以奋斗者为本""长期坚持艰苦奋斗"的精神召唤下,华为从一家小公司成长为改变世界经济格局的中国力量。

然而,当互联网精神新鲜出炉之后,华为坚持了几十年的原则在员工内部开始动摇。甚至有人提出,华为应该彻底抛弃过去的理念,学习互联网"专注、极致、快、口碑"的新精神。

"华为坚持什么精神?就是真心向李小文学习。"2014年6月,华为邀请中科院院士李小文教授为华为代言,任正非写下了这么一句话。这支广告,不是给外人看的,而是给华为自己人学习的。

当年4月,一张名为"学术扫地僧"的照片红遍网络。在这张照片中,遥感领域泰斗级人物李小文教授蓄着胡子,身着黑衣,脚穿黑布鞋,没有穿袜子,正在低头念稿。这个衣着朴素的中科院院士,每天都是这样,就像扫地僧一样,看起来是个不起眼的小角色,但却拥有惊人的大分和"绝顶武功"。

1947年,李小文出生于四川自贡。他长期从事地学与遥感信息科学领域的研究工作,创建了Li-Strahler几何光学模型,并入选国际光学工程学会"里程碑系列"。他和他的科研团队专心科研,有力地推动了定量遥感研究的发展,并使中国在多角度遥感领域保持着国际领先地位。

在网络上,人们除了说李小文教授是"扫地僧""布鞋院士"之外,还有人认为他"外表不羁但是有着仙风道骨""高深莫测、不拘小节",盛赞他"维护了传统知识分子的风骨、本色、随性"。在周边万物都在快速变化的现代,李小文教授言冷心热、心怀天下的品质十分珍贵。

李小文教授表现出来的不浮躁、不盲从、甘心坐冷板凳、沉淀自我、修炼内功的精神，与华为企业文化所追求的"以奋斗者为本""自我批判""艰苦奋斗"等思想是一致的。任正非认为，在任何时候，华为都要像李小文教授那样，坚持、朴素和执着。当得知华为要用自己的照片做品牌形象宣传时，李小文教授真诚地说："华为所坚守的正是我所主张的，所以把这张照片免费给华为做广告。"

2014 年 6 月 5 日，《人民日报》《光明日报》《参考消息》《中国青年报》《21 世纪经济报道》《第一财经日报》等多家报纸上，出现了华为半版的企业广告，同时刊登了李小文教授和任正非的话，代表了华为精神。

当人们都做着一步登天的发财梦的时候，华为希望借力李小文教授，告诉大家什么才是真正的大智慧、大视野，什么才是真正的实力。社会环境越是浮躁，华为越要坚持"板凳须坐十年冷"的精神，不忘本色。当投机取巧的人越来越多的时候，做一个有着高尚的追求、坚持自我理想、纯粹的人，变得更加重要和宝贵。拒绝浮躁，坚守内心，这才是华为人追求的精神。

在关键时刻，任正非用李小文教授的精神对华为人说，不要为外面的大风所动，只有脚踏实地才能获得最后的胜利。在互联网的风口上，任正非冷静地和大家站在一起，及时地指出问题、纠正方向，华为不做风口上的"猪"，而是要脚踏实地做自己。

"互联网思维也不是浮躁。我们也并没有批判社会上的互联网思维，是应对我们内部的浮躁情绪，仅此而已。华为是不是互联网公司并不重要，华为的精神是不是互联网精神也不重要，这种精神能否保证企业活下去才最重要。"

2014 年，任正非提到的"不要为互联网的成功所冲动"，"网络可能会把一切约束精神给松散掉"等观点，就像一盆冷水倒在了过分激动的华为人身上，呼唤大家回归本质，坚持必须坚持的，抛弃必须抛弃的。

第三步：拥抱互联网

2013 年年初，任正非前往南美旅游了一番。他在朋友的私人庄园品尝到了当地美味的烤肉和各种鲜美的水果之后，发出这样的感慨："（华为）电商做好了以后，我们的酒也从这上面卖，我们将来从阿根廷买回来的牛肉也可以在网上卖。我们的货物是真的，我控制货物质量。京东、淘宝都管不住质量。我们有货源，可以从全球 140 多个国家中买到好东西放到电商上销售，华为公司的零部件将来都可以拿到网上卖。"

随即，华为进军电商，与阿里、京东竞争的消息迅速传开。对此，余承东不得不出面解释："任总说的电商是指我们销售手机的一种模式，卖牛肉是开了一个玩笑。华为在采购上已开展电子商务多年，这种自有的内部电子交易系统并非京东、天猫一样的电商平台。"

南美之行后，华为在上海召开了终端战略研讨会。在这次会议上，任正非直言，终端应该大胆发展低成本的电商模式，改变现有的格局。他提出，电商的定位一是销售渠道，二是销售平台，未来运营商和社会渠道都可以成为电商覆盖的渠道之一。另外，在电商上要用领先的有竞争力的产品形成大的突破。

在互联网营销传播方面，华为制定出了更具体的标准。发挥 15 万名内部员工的优势，先激活内部，从内部开始传播品牌理念，对于通过社交媒体大量传播手机品牌的员工要给予重奖，以覆盖用户数和影响力作为考核标准，并专门设置了这一类的奖项。

基于此,华为确立了拥抱互联网的思想。雷军提出的互联网七字诀"专注、极致、快、口碑",在华为有了新的解读。专注,是指聚焦产品,从战略上做减法;极致,则是选择一个产品线,朝着一个正确的方向做深做透;快,是指组织优化,管理流程要加快,提高效率;口碑,就是把互联网当工具,尤其在营销方面,拥抱互联网,利用互联网,把品牌形象做起来。

如果华为拒绝改变、拒绝创新,那么外界的悲观猜测一定会逐一应验。

兔子和乌龟赛跑的寓言故事大家都很熟悉了,兔子因为有先天优势,跑得快,不时在中间喝个下午茶,在草地上小憩一会儿,结果让乌龟超过去了。华为就是一只大乌龟,25 年来,爬呀爬,全然没看见路两旁的鲜花。许多人都进入了富裕的阶层,而华为人还在持续艰苦奋斗。

爬呀爬……一抬头看见前方出现了像特斯拉那样神速飞驰的"龙飞船"。此时,如果乌龟们还是笨拙地爬行,能追过龙飞船吗?任正非认为,像乌龟一样的企业只要能够勇敢地打破既得优势、开放创新,用开放的态度不断学习、改进自己,就有可能追上"龙飞船"。

一家可持续发展的企业,不应该去思考如何在风口上飞起来,而是要研究如何在风停的时候还能持续稳定发展。而这个问题唯一的解答是,发挥持续努力奋斗的"乌龟精神",坚持自我批判。

"如果敢于打破自己既得的坛坛罐罐,敢于去拥抱新事物,华为不一定会落后。当发现一个战略机会点,我们可以千军万马压上去,后发式追赶。你们要敢于用投资的方式,而不仅仅是以人力的方式,把资源堆上去,这就是我们和小公司创新不一样的地方。"任总在讲话中释放出的信心表明,在新的挑战面前,华为不仅有人力物力,还有在过去的失败中积累起来的经验,这些宝贵资源会让华为创造出更辉煌的前程。

荣耀新生

荣耀成立一年后,迎来了自己的新生。荣耀组织独立这一决策如一剂猛药,加速了华为的终端变革。正如任正非所言:"要打破自己的优势,形成新的优势。我们不主动打破自己的优势,别人早晚也会来打破。"如果说 Ascend 系列是一种改革,那么荣耀独立就是一场新生。

"荣耀品牌从华为独立出来了。"余承东在 2013 年 12 月 16 日举办的荣耀新品发布会上如此宣布。一句简单的话,意味着更大的变化即将来临,荣耀可以放开手脚大胆干,释放出更大的活力。在拥抱互联网的进程中,华为选择了勇敢前行。拿下这一城池,终端才可能站住脚。

线上、线下赛马

2012 年,负责华为终端的团队吵了一年。大家争论的题目是,在传统渠道和电商渠道之间,如何抉择?

荣耀销量火热,但利润偏低,它能够发挥多大的势能? 很难预测。线下渠道和线上渠道谁输谁赢? 尚不明确。这时候要做二选一的题,实在太难。

为了让这个问题有一个定论,华为终端团队常在晚上开会。在激烈的讨论中,拍桌子、大嗓门争吵、甩门而出的事情常有发生。大家讨论的问题,已经不仅是华为内部的问题,而是关乎整个商业格局的变革。更形象地来说,就是争论马云和王健林谁会赢一个亿。而这个问题,是一个谜。

不过,只要透过表象看内里,站远一点再看前方,就会清楚地认识到,电商渠道尽管来势汹汹,但传统渠道仍然根基扎实。当时,中国市场80%的销售还是靠传统渠道,电商只有20%。具体到华为身上,华为的业务不只是手机,华为的手机也不只是荣耀。华为真正的业务在 ICT(Information Communications Technology,信息通信技术,简称 ICT),在云、管、端。

从资源配置来说,如果调动过多资源去做没有基础也并不擅长的互联网,风险一定更大。同时,如果只做电商渠道,就意味着华为放弃了广袤的线下市场,也放弃和三星、苹果争夺天下的机会。放弃高端品牌,将违背华为的战略初衷。因此,当市场中充斥着"电商将彻底颠覆传统渠道"的声音时,华为并不这样认为。

企业存在的意义就在于为客户创造价值。具体到终端,创造价值的是产品本身,而不是互联网营销或电商渠道。营销、渠道都是短暂的,产品才是根本。放到大背景下,电商只是很小的一个部分。

那么,既然线下渠道不可失,线上渠道前景未明,何不保留二者,并肩同行?

在华为,很多项目都运用了赛马机制,即一样的项目,不一样的团队,双方各用各的办法,在竞争中进步,创造最好成绩,争当先进。即便是其中一个项目最终失败,团队也会在赛马的过程中尽情"燃烧"。一般来说,赛马制更适合大企业,因为它们能够承受更大的浪费成本,一个项目的失败不会对企业造成致命性的打击。

　　至此，华为从线上、线下二选一的死胡同中走了出来，让走电商渠道的荣耀和偏重线下的 Ascend 系列同时运行，两匹"马"比赛。任正非曾言："我本人积极支持两匹马比赛竞争。宰相必起于州郡，猛将必发于行伍，荣耀可以边打边看。"

　　此后，荣耀品牌交由华为终端新成立的电子商务部管理，产品定位中低端、高性价比，主要在华为商城、京东、天猫等电商渠道销售。相比其他传统部门，终端电商部门有很高的独立性，除了芯片等部分的研发与其他系列共享之外，运营全由自己把控。

　　面对互联网营销模式的崛起，公司坚持把鲜花插在牛粪上，在已有基础上创新，没有冲动地放弃线下渠道，做出了符合自身实际情况的决定。

利润才是硬指标

　　"你们说电商要卖 2000 万部手机，纯利润是 1 亿美元，一个手机赚 30 元，这算什么高科技、高水平？"

　　"苹果年利润 500 亿美元，三星年利润 400 亿美元，你们每年若是能交给我 300 亿美元利润，我就承认你们是世界第三。"

　　"电商也不要说销售额，以后汇报就说能做到多少利润。"

　　"高端手机若以技术为导向，赚不了钱，那你们的高端是没有价值的，过不了 3 个月，高端就成低端了。"

　　"销售额是为了实现利润需要的，不是奋斗的目标。终端没有黏性，量大而质不优，口口相传后销量反而会跌下来。不要着急，慢慢来，别让互联网引起你们发烧。"

　　………………

这些不满的责备,出自任正非与消费者 BG 管理团队在 2014 年 3 月中旬的一次内部会议。任总讲道:"今天之所以与大家沟通,就是担心你们去追求规模,把苹果、三星、小米作为目标,然后就不知道自己是谁了。当然要向苹果、三星、小米学习它们的优处,但不要盲目对标它们。"

面对电商疯狂的销量和超低的低润,任总看到了风险和不足。他认为,高销量、低利润不能成为大家沾沾自喜的理由。销量稍微高一点,但利润太低,对于公司来说还是赚不了钱,无济于事。

当时,市场上众多贴着互联网标签的手机品牌有着一些共同特质:独立团队操作独立品牌,主打高配置和性价比,迎合中低端市场,主靠电商销售。但很多人没有意识到,小米模式看起来很容易,实际上不简单。国产智能手机出货量快速增长,但价格却在快速下跌,利润率也越来越低。价格战一触即发,行业将面临洗牌。

当华为内部因电商的高销量欣喜不已的时候,任总一盆冷水浇下来,提醒大家记住,利润才是商业追求的本质。

一个毫无准备的人登上珠穆朗玛峰之后,是待不久的,他需要御寒的棉袄和食物,才能活得长久。对于一家公司来说,登上珠峰做世界第一不是最终目标,重要的是如何活下去,而利润就是保证生存的棉袄和粮食。如果没有了利润,公司很快就会死亡。

在华为发展壮大的路途中,任正非不断地强调商业盈利对公司的重要性。"我认为成功的标准只有一个,就是实现商业目的。其他都不是目的,这一点一定要搞清楚。"

品牌独立,组织先行

余承东明确提出:荣耀品牌是华为移动互联网的子品牌,我们

用荣耀跟小米这样的公司去竞争,而其他品牌(Mate 系列和 Ascend
P 系列)是跟苹果、三星竞争的。而在内部来讲,华为终端希望这一
品牌越做越大,甚至能和华为手机齐名。

也就是说,Ascend 品牌将主攻中高端,并肩负为华为终端带来
足够利润的使命;荣耀品牌主攻性价比,其终极目标是要在最短时间
内为华为手机业务抢占最多市场份额。

荣耀的独立具有重大的战略意义。首先,在战略决策(strategy)
上,荣耀重新定位了产品、营销、渠道,颠覆了以往的产品结构;其次,
在组织结构(structure)方面,荣耀从华为独立出来,是组织结构的优
化,是一种组织创新的表现;最后,在运作系统(operation system)方
面,荣耀实现了独立操作,拥有完整的运作体系。

尤其是在组织结构上,荣耀独立具有重要意义。企业组织结构
没有唯一,没有对错之分,但一定要适应业务发展。只有在变化中,
组织才会有压力、有冲劲。用华为内部的话讲,就是要"作"一点,让
组织不停地变,在变的过程中发现机会,并且用组织变革推动战略的
执行。

华为的规模很大,看起来像一头大象。但实际上,华为认为自己
是老鼠。如果采取保守的态度,站在原地一动不动,像大象一样的竞
争对手肯定一脚就把自己踩死了。但是老鼠可以很灵活,不断调整
方位,这样大象就老踩不到。因此,华为必须要有灵活的运作机制和
组织结构体系。如果组织不够灵活,公司早就不复存在了。

任正非曾经把华为管理组织比作"眼镜蛇"。这种动物的特点
是,一旦发现食物或进攻对象,整个身体的行动就会十分敏捷。在接
受《第一财经日报》记者采访时,他解释说,华为需要实现流程化,就
像一条蛇,蛇头不断随需求摆动,身子的每个关节都用流程连接好

了。蛇头转过来后,组织管理就能跟得上变化;如果没有流程化,蛇头转过去,后面身子就断了,为了修复这个断节,成本会很高。

很多想要学习华为的人,误以为华为的组织流程管理是唯一的、稳定的。实则不然,华为的组织向来强调灵活变化,从来没有一种普适性的组织模式。时代在变,组织更要变。一旦僵化,就意味着死亡。

在互联网的新环境里,华为终端这条"眼镜蛇"找到了新的"猎物","蛇头"调转了方向。这时候,作为身体的组织结构也要迅速地变化,如果不进行组织优化,战略目标就无法实现。如果没有组织保障,业务就无法落地推进。

荣耀独立,势在必行。而这条"眼镜蛇"在新的轨迹上运动起来之后,还将出现更多的新问题。未来的日子里,荣耀能否抓住互联网机遇,创造奇迹?移动社交时代的网络营销怎么做?荣耀粉丝如何经营?管理架构如何调整?如何设计产品,才能贴近互联网消费者,满足消费者的真正需求?

对于终端的考验,从未停止。

笨鸟不等风

既独立,也共享

"以更快变化来适应移动互联网时代,荣耀品牌准确认知互联网本质——平等、开放、去中心化的特点,保持与受众完全对等的沟通,聆听受众的呼声,为受众提供更多满足其需求的高性价产品。荣耀品牌遵循华为品质,追求更酷的、更极致的体验。"这是华为对荣耀品牌的解读。

企业采用双品牌战略最忌讳的就是引发内部竞争,诺基亚智能手机没能成功的一大原因,就是公司内部功能手机团队阻力太强,新业务得不到组织的支持。因此,一旦确定了双品牌战略,就要将两者区分开来,各自找准定位,避免内部竞争,减少交错。同时,独立不代表脱离组织,而是需要组织给予足够的支持。

余承东认为,华为品牌就像宝马,专注高端商务市场,而荣耀就像 Mini Cooper,深受年轻人喜爱。两者同样源自一处,但定位不同,不会产生互相影响的问题。尽管是同一领域的竞争对手,但由于定位完全不同,规避了不必要的竞争。

华为从组织结构上将荣耀独立之后,实现了独立核算,继而在消费者群体和渠道两大方面做出了清晰的划分。荣耀更多地承载年轻人追求时尚、娱乐和互动的功能,倡导极致性价比和极致可获得感,覆盖以年轻人为主的延伸人群。而华为品牌则主攻高端核心人群。

在渠道上,华为品牌的重点市场分为两大部分,一是运营商,二是电商。荣耀产品将以电商渠道为主,既有华为商城的通道,也会与京东、天猫等大的电商合作,线下合作仅占极小部分。这样的做法解决了线上线下价格不统一的问题,还可以节省 30% 的传统渠道零售空间,以初期不赚钱甚至亏损的超低价格,让利给用户。

荣耀品牌的独立,能够让华为更自由地探索电商发展模式,做好互联网营销。而华为品牌的产品仍然以运营商＋社会渠道的线下销售为主,但也会利用互联网进行营销,将线上流量导向线下。

做好区分还不够,如果没有组织支持,新品牌很难起势。组织不闻不问的结果,往往就是自生自灭。独立运行是为了创造双赢的效果,而不是一生一死。荣耀独立后,从组织方面获得了充分的授权,得到的不仅是更自由的发挥空间,还有更多实质性的支持。

首先,华为为荣耀提供了强大的研发技术支持。

荣耀独立后,仍然与其他产品一样,共享公司的技术资源,包括产品、供应链和研发等能力。荣耀手机的芯片、结构设计、屏幕压感、双摄像头、快充等技术,都是从华为借来的东风。

比如,2014 年发布的荣耀 6 拥有当时全球最快的网络连接速度,因为它搭载了华为自主研发的海思麒麟 920 芯片;荣耀 6 Plus 的双镜头技术有多达 32 个专利;荣耀畅玩 4X 全网通相关射频天线技术专利超过 7 个;荣耀 7 拥有独创的智灵键以及更为敏捷的指纹识别技术;荣耀 Magic 成为全球首台具备 AI(Artificial Intelligence,人工智能,简称 AI)能力的手机,这使荣耀在 AI 智慧手机大战中占得了先机。

有人笑称荣耀是"富二代"创业,从研发角度来说,的确如此。据测算,华为在无线终端芯片上的投资早已累计超过 10 亿美元。以2015 年为例,这一年华为在移动端产品研发上的投入占到总投入的30%。毫无疑问,荣耀是站在华为研发的肩膀上向上攀登的,有着其他同业者羡慕不来的天然优势。

其次,公司一致肯定荣耀采取的电商轻模式,并且给予人力资源支持。

荣耀品牌最看重的用户群是刚入社会的年轻人,他们的购买力基本控制在 2000 元上下。如果产品提价,就有可能失去他们。因此,尽管利润很薄,但荣耀坚持了低价策略。在市场中,许多互联网产品是为了低价而低价，但荣耀是从用户出发做决策，在不断提升品质的前提下，坚持低利润率、高销量的路线。

一向强调利润的任正非，在荣耀的发展问题上，也做出了明显的改变。他提出，荣耀的任务是在贡献一定利润额的基础上，把规模做上去。这就表明了华为公司对荣耀品牌轻资产、低利润模式的认可。

2017年，公司发布了《荣耀品牌手机单台提成奖金方案》，以前所未有的力度支持荣耀发展。这份文件为荣耀单独设计了全新的激励机制，确定了"荣耀手机按销售台数提成""简化奖金方案，及时兑现""抢的粮食越多，分的奖金越多"等制度。照此规定，一个刚入职的普通员工，只要在内、外合规的边界内达到目标，抢到了更多的"粮食"，就可以和公司总裁级别的人员一样，拿到百万级甚至更高的奖金。

如此激进的激励方案，令人振奋。华为深知，荣耀在全球化的道路上，最缺的是人才，华为需要有能力、有勇气的优秀人才，到最需要的地方去。激励措施的出台，将帮助荣耀解决这一难题。相信荣耀会在国际化的人道上，走得更坚实。

花粉会

2014年12月17日，余承东化身超人，出现在北京798艺术区。和他一起的，还有钢铁侠、雷神、金刚狼、美国队长等超级英雄，他们的出场引发了一轮又一轮的尖叫，现场上千位"花粉"，喊出了他们的热情。

这一切，都是在粉丝们的呼唤中实现的。一开始是粉丝们在花粉俱乐部提议，每年举办一次花粉会，大家共聚一堂，分享快乐。面对粉丝的要求，余承东回了一个字"整"，于是有了第一届"花粉会"。

在到场的花粉中,最扯人眼球的是一组骑行队。他们在严冬时节从西安一路经洛阳、郑州、邯郸、石家庄骑行至北京,用行动展现自己对这一爱好的坚持和热爱。而华为高管们扮作英雄登场,也是为了诠释"因为热爱"的活动主题,呼吁花粉们勇于表达自己的梦想和热爱,就像荣耀的品牌口号一样:勇敢做自己。

实际上,这不是华为第一次听从粉丝建议。荣耀独立之初,就通过微博与网友互动,向大家征集了荣耀新 logo、公仔、口号、品牌调性等的意见,并一一考虑,才完善了荣耀品牌。可以说,荣耀的问世,天生具有粉丝力量。

虽然华为花粉早已有之,但直到荣耀独立后,才有了强大的聚合力。几乎每周,荣耀都可以收到成千上万条来自花粉的各种建议,主要涉及品牌营销、产品体验、售后服务三大方面,荣耀会根据花粉的建议进行升级,并引导下一代的产品研发。

2015 年,荣耀在海外成立了 Honor Club(类似于国内的花粉俱乐部),将英国、意大利、法国、荷兰、德国 5 个国家的近 400 名花粉聚到一起,他们是第一批俱乐部成员。花粉俱乐部坚持"聆听用户最真实的声音",听花粉需求、帮助花粉实现理想、为花粉服务,同时关注花粉们的价值需求和个人成长。既民主开放,又个性化的风格,捕获了许多粉丝的芳心。

通过举办"行走力量""深圳创客周""荣耀制噪者""荣耀极客 Open Class""荣耀之音原创集结号"等参与度极高的活动,荣耀走进了花粉们的视线。

勇敢做自己

2014 年 6 月 24 日,荣耀 6 发布现场,荣耀喊出了"勇敢做自己"

的品牌口号,这标志着荣耀品牌进入全新的发展阶段。

"勇敢做自己"这一口号,是荣耀进行了深度粉丝调研和反复测试后才最终敲定的,既与粉丝的性情相投,又合理传递了荣耀品牌的价值观,即鼓励每一个有为青年,坚持自我,勇于抉择,最终赢得属于自己的荣耀。

在这之前,荣耀的口号是"向极致科技致敬",给人的感觉是冷冰冰的,没有丝毫亲切感。而新的口号符合新青年文化的调性,本质上也是表达对极致产品的追求,却从生活信念、价值观层面切入,瞬间引发粉丝的情感共鸣。在这一理念的影响下,越来越多的消费者成为荣耀的忠实粉丝。

有人这样描述"荣耀青年人":可以是一个理工男,戴眼镜不戴眼镜无所谓,像 Geek① 但也是创客,喜欢摇滚,但不颓废,可以毕业后不找工作就穷游世界,也可以突然炒掉老板开个花店……他们不按常理出牌,但是都清楚自己是谁,想去哪里。简单地说,很理性,比较酷,有另类个性,但路线很正,"邪里邪气"走正道。

荣耀关注青年团体粉丝,这些粉丝独立、冷静,拥有理性思维,散发出独立精神的魅力。荣耀把花粉称为"理性社群主义",因为他们有自己的思考,能够成熟分析利弊,勇敢做出选择,而不是人云亦云,轻易被激情点燃,陷入疯狂或者盲目热爱的状态。

2015 年 10 月 10 日,荣耀举行"LIVE 青春"音乐会,80 后摇滚乐队 Gala、荷尔蒙小姐等在深圳大剧院为观众带来精彩表演。花粉们跟着乐队大声唱、大步跳,挥洒着青春的热情,歌唱青春的不朽。这就是荣耀想要带给花粉的——为大家搭建倾诉的舞台,抒发自己的

---

①　形容对计算机和网络技术有狂热兴趣并投入大量时间钻研的人。

青春梦想。

为了激发花粉的勇敢之心,华为赞助了中国帆船赛、FISE 世界极限运动巡回赛、超级校园马拉松等活动,希望用竞技体育的勇敢精神激励粉丝们努力坚持,实现人生目标。

在荣耀"勇敢做自己"的一组主题宣传片中,华为邀请了中国极限耐力跑第一人陈盆滨、独立艺术绘本漫画家黑荔枝、"下一站NexTop 明信片"创始人姚璐出镜,三位勇敢者通过自己的真实奋斗故事,告诉大家,要敢于做不一样的自己,追求热爱的生活,挣脱束缚,勇于坚守自己的内心,坚持不懈,不用在意别人异样的眼光,相信自己,相信未来。就像陈盆滨在广告中讲的那样:"我会一直跑,跑到跑不动为止。越跑越能看清自己,更加了解自己。"

荣耀还曾联合北京电影学院等机构发起了"荣耀新力量影像大赛",以"勇敢做自己"为主题征集剧本,让选手们用荣耀 6 进行影片取景和片段拍摄。这样的活动,既贴近青年人爱好,又鼓励他们努力实现梦想,真正打动了花粉的内心,增强了花粉和荣耀品牌之间的匹配感。

截至 2015 年年末,花粉俱乐部的签到人数已突破 139176 人,注册的花粉数量已突破 1800 万人,论坛总发帖量超过 8000 万篇。在数据背后,则是荣耀与花粉之间越来越亲近的关系,是普通消费者到粉丝的转变。可以看到,花粉队伍还在继续扩大,用无限的青春活力感染这个世界。

互联网手机第一

首发预约数高达 770 万台;

销售当日,15 万台手机 6 分钟售罄;

3 个月销量突破 200 万台；

"荣耀 408 全球狂欢节"，单日销量超过 15 万台；

印度市场 48 小时卖出 1 万台；

…………

以上只是荣耀 6 的一部分成绩单。

荣耀品牌独立之后，在 1 年时间内就推出了荣耀 3C、荣耀 3X、荣耀 X1、荣耀 6、荣耀畅玩等系列产品，10 个月内总销量超过 1000万台。

2014 年全年，荣耀出货超 2000 万台，销售额 30 亿美元，1 年时间，业绩大涨 24 倍。余承东直言："我们在这一块相比有些公司晚了 3 年时间，但在很短的时间内迅速赶了上来，结果超出预期。"

2015 年，新推出荣耀畅玩 4X、荣耀 4C、荣耀 6 Plus、荣耀 X2 等机型，仅在上半年就销出 2000 万台，销售额达 26 亿美元，仅用半年时间就超越了 2014 年全年的成绩。而下半年，荣耀 7、荣耀 7i、荣耀畅玩 5X 等机型相继推出，10 月份就提前完成了 50 亿美元的年度销售目标。当年 10 月，荣耀畅玩 4X 在国内的总销量超过千万台，成为荣耀在独立之后首款拥有千万销量的产品。

据塞诺数据统计，2017 年 1 月—11 月，荣耀手机以 4968 万台的销量和 716 亿元的销售额，占据了中国互联网手机品牌第一位。"716 亿"这一数字，超出小米销售额 100 多亿，被戏称为"比小米多了一个魅族"。

这样的差距，不得不让人好奇，这些年小米经历了什么？为什么它在一夜成名之后没能守住宝座？关于小米"失势"的现象和数据，不用再一一罗列，相信大家都有共同的感受。至于背后的原因，也不是一两点能够说明的，这和企业的经营战略、产品结构、品牌诉求等，都有关联。而且企业的发展本就是有起有落,一时的失势并不代表永远的低谷。

而另一方面,很多人也在关注,荣耀是如何逆风而行,在红海中摘得桂冠的?业内有很多人说,荣耀就是学小米,是小米的跟随者。此话不假,但又不能只去理解字面意思。荣耀的逆袭,自然也是由诸多因素促成的。但最关键的地方,还是基于华为一开始对互联网的清醒认识。如果没有前期的定调和理智对待,就没有后期的砥砺前行。

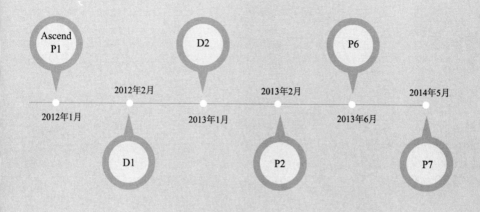

第六章

爆发：取势明道优术

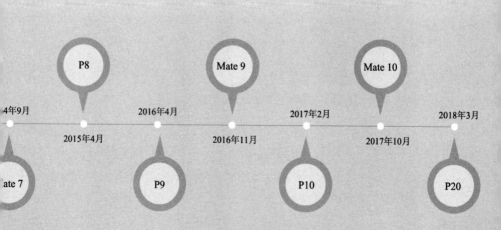

企业和产品的发展过程由各种"偶然"和"必然"组合而成。

如果我们能深入理解社会经济环境,理解不同文化背后的心理动机,理解产业发展状况以及竞争对手的动态,那么在一定程度上我们是可以发现一些"必然性"的。战略大师迈克尔·波特(Michael Porter)将这些影响综合作用于企业的决定性力量称为"竞争五力",又被称为"波特五力"。他认为五力从根本上决定了企业的战略位置。换到东方哲学体系中,这种多方博弈的力量可以称作"势"。顺势而为,事半而功倍。

但仅仅观势、做预测还是不够的,大方向的必然中蕴含着万千可能。产业与企业复杂演化的进程中,一个小小的不确定因子也有可能引发巨大的蝴蝶效应,进而改变整个产业进程。这种无法预知的"偶然",带来的到底是灾难还是机遇——全看企业如何应对。

从势到道,由道至术,大体上是一个从宏观到微观、从构想到实践,融合了确定与不确定性的过程。李嘉诚先生从《道德经》和《孙子兵法》两大古典名著中提炼了六个字作为长江商学院的校训,即"取势、明道、优术"。取势,远见也;明道,真知也;优术,实效也。取势为要,明道其次,优术第三。具体到华为终端战略层面,我们可以一起来看看它是如何取势、明道与优术的。下面将以引爆华为终端的经典产品——Mate 系列为例,为你诠释终端战略中"必然"与"偶然"的精妙融合。

取势大于明道

　　战略的意义在于判断是否"要做",判断的依据则必须基于对"势"的预判和分析。尽管影响趋势的不确定因素众多,但领导者必须在一切都还模糊和不确定的时候做出判断并为组织提供方向性指引。

　　大多数时候,在后人看来极为高明的取势预判,当时的环境都极度凶险困难。盖因目光所及之处,全是稍有不慎满盘皆输的黑洞。战略制定者必须将包括供需在内的大市场环境及所有系统结构纳入考虑范畴。这是一场直面时空的概率博弈——在可能性存在的基础上估算风险投入比,进而全力以赴,努力"让事情发生"。

　　华为 Mate 系列的爆发正源于一场结构性变局,它在"取势"层面给我们留下的启示或许是:在积极关注用户需求的同时,多留一只眼给所有入局者。

运营商势变

　　很多企业管理者都明白外部竞争环境的变化将对企业产生重大影响,但最困难的恰恰是如何提前识别这种变化,占得先机。迈克尔·波特在《竞争战略》中指出,制定竞争战略的本质是将企业放在环境中分析,行业结构对决定博弈的竞争规则及企业潜在可选战略有着重大影响。

因此,为探索华为终端爆发的根本原因,我们必须先回到整个智能手机终端行业,去分析它的结构化特征。

2007 年,iPhone 一代的发布标志着智能手机终端市场的诞生。区别于过去的功能机,智能手机不仅变革了人机交互方式,改变了人与网络的连接关系,还提供了种类繁多的应用,极大丰富了人们的日常生活。过去的我们并不像今天这样依赖网络,因为那时候手机只是打电话、发短信的简单工具。可现在不一样,智能手机让整个网络世界触手可及,它已成为人们在虚拟空间保有精神存在的必需品。

短短数年时间,"大手机行业"就发生了从功能机到智能机的跃迁,这点似乎无须赘言,诺基亚的衰落已充分证实了这种变化。但比知道变迁的事实更重要的是,我们需要意识到这场变革背后究竟发生了哪些重要的变化(见图 6-1)。

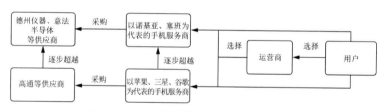

图 6-1　功能机到智能机的市场结构变迁

先说供应商,智能机时代来临之后,供应商内部的确发生了变化。比如,以前生产的是功能机的配件,现在都转移到了智能机配件生产上。没用多少时间,供应商们就完成了整体迁移。而对于手机厂商来说,供应商方面的变化对他们并没有太大影响,各个品牌都能用一样的价格购买到同样的智能机配件。

真正的结构性变化,其实来自买方,即运营商和用户。

在功能机时代,用户购买一款手机后,可以加入任意运营商的网络。也就是说,用户在购买手机时,不用考虑选择运营商的问题。然而,在智能机发展初期,"全网通"这样的服务还没有出现,一款手机只能对应一个运营商。用户在购买手机时,就要多做一道关于运营商的选择题。

我们用一个故事来描述这种微妙的变化:

王女士原本是一位中国移动的用户,当她第一次体验了 iPhone 手机时,就被这款智能手机的魅力征服了。苹果手机与众不同的外观、丰富有趣的应用、独特的使用方式,在第一时间吸引了她。于是,她当即决定,换掉手里的诺基亚,买一个苹果手机。

但是,苹果公司只和中国联通达成了合作。因此,只有中国联通的用户才能使用 iPhone 手机进行正常的通话、上网。此时,王女士必须做一个决定:抛弃用了 7 年的移动号码,换一个新的中国联通号码。

如果在功能机时代,王女士绝对不会为了体验一款手机更换电话号码。一方面,功能手机之间的体验差别不大,用谁都行;另一方面,换号码实在是一件麻烦的事情。而如今,苹果手机极大提升了用户体验,和其他手机形成了巨大的体验落差,对王女士来说,这种颠覆性的体验感具有不可抵挡的吸引力。

最终,王女士停用了中国移动号码,成为中国联通的用户。就王女士个人而言,这是一个普通的决定。但对运营商而言,这意味着用户的转移。中国移动失去了一位老用户,中国联通多了一位新用户。

残酷的是,有众多用户做出了和王女士同样的选择。而他们的变化,直接导致了运营商市场的结构性变化。

对于运营商来说,想要吸引更多用户使用自己的网络,就要有足够好的终端产品。虽然不能说得苹果者得天下,但如果拥有苹果手机,运营商的竞争力将如虎添翼。终端产品从可有可无的存在变成了运营商攻占市场的最有力武器,这是前所未有的事情。

实际上,任正非也正是发现了终端产品的角色变化,才做出了"端管云"战略部署。那么,当运营商们也意识到了同样的问题时,他们会怎么做?尤其在苹果手机无法满足所有运营商需求时,怎么办?

如果坐视不管,等待和苹果谈下合约后再行动,恐怕太迟。运营商们唯一的选择是,立即寻找其他可以替代苹果手机的产品,这样至少可以避免更大面积的客户流失。运营商的这一需求,无疑给苹果之外的手机厂商创造了巨大的机会。

接下来,我们会看到,三星稳稳地抓住了这一波机会,成为新一代霸主。

三星崛起的逻辑

在 2G 时代,运营商们依靠语音和短信等业务就能获得稳定的收入增长,并不依赖手机终端的拉动。而以华为、中兴为代表的厂商仅依靠运营商定制机就能够卖出大量的产品。那时,运营商们高高在上,手机厂商则要争抢着"抱大腿"。

但是,随着 3G 时代的到来,运营商市场发生了结构性变化,场景也随之改变了。以前是手机厂商求着运营商买手机,现在角色调换,运营商得追着手机厂商要产品了。

2009 年 1 月,国内 3G 牌照正式发出。三大运营商,中国移动、中国电信、中国联通,分别获得 TD-SCDMA,CDMA2000 和 WCDMA 牌照。在终端领域,相比成熟的 WCDMA,中国移动的 TD 标准尚不完善。因此,很多终端厂商都对其不屑一顾。

当时,中国移动与诺基亚商谈研发支持 TD 的终端,得到的回复只是:1 年后会出一款手机。如果终端厂商不支持,相当于有路没车

跑,用户就不会来。眼看着曾经等候在门前苦求合作的厂商一个个
离去,"失宠"的中国移动感到了焦虑。

有意思的是,中国移动的困局恰恰成了三星借势而起的最大
风口。

早在2003年,三星就与大唐、飞利浦合资成立了TD芯片研发公
司T3G,积极参与规模测试,获取TD临时入网证等。也就是说,三
星做到了在三个3G制式上同时发力。当其他厂商不理会中国移动
的时候,三星站出来说:"我行!"

最终的结果证明,三星的战略思路是极高明的。

2009年,中国移动在TD终端招标的10款中标产品分别来自5
个厂商,三星一家就占据了4款产品。TD正式商用后,三星共推出9
款TD手机,累计销售TD手机175万部,在所有TD手机销售中占
比高达40%左右。同时,移动为圈入更多终端厂商而推出的终端补
贴政策,更是进一步助推了三星的成长。

于是,我们看到一条令人惊艳的成长曲线——2010年到2013
年,三星在中国市场的占有率一路飙升。然而,不仅是在中国,三星
在全球智能手机市场的表现同样惊人(见图6-2)。这又是为什么?

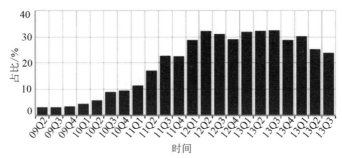

图6-2 三星在全球智能手机市场的占有率
注:好奇心日报制作,数据来自IDC(互联网数据中心)

从全球市场来看，三星借助运营商风口起飞并非一个巧合，而是它看准了市场必然出现的"结构性角力"格局。而这一格局的形成，离不开竞争对手苹果的"助推"。

一直以来，苹果选择合作商的风格是，与老二建立排他式合作占得先机，以获得与老大谈判的空间。比如，苹果在美国选择的运营商就是排位第二的 AT&T。

苹果对待中国市场，也是如此。2009 年 6 月，iPhone 发布后首次与中国运营商合作，合作方是国内第二大运营商中国联通。直到 2012 年 3 月，苹果才与中国电信启动合作。作为老大的中国移动被晾到一边，双方的合作直到 2013 年都没能敲定下来（见表 6-1）。

表 6-1　iPhone 在中、美、英、日四个市场与运营商合作时间表

中国	2009 年 6 月—联通
	2012 年 3 月—电信
	2014 年 1 月—移动
美国	2007 年 6 月—AT&T
	2011 年 2 月—Verizon
	2011 年 10 月—Sprint
	2013 年 4 月—T-Mobile
英国	2007 年 11 月—O2
	2009 年 10 月—Orange(EE)
	2010 年 1 月—Vodafone
日本	2008 年 7 月—软银
	2011 年 10 月—KDDI
	2013 年 9 月—DoCoMo

这样的做法虽然为 iPhone 进入广阔的中国市场带来了较高价格壁垒,但同时也阴差阳错地给三星创造了宝贵的机会窗口。没有苹果的运营商老大们,亟需一款能够和苹果相抗衡的手机,而三星似乎成了唯一的选择。

所以可以看到,三星从 2010 年到 2013 年不断攻城略地,在全球运营商合作渠道大肆收割"苹果替代品"的红利。在中国,坐拥"TD 追随者"和"苹果替代品"的双重标签,三星能高速起飞自然不难解释。

好,现在三星借势而起的全过程已一览无余。那么,下一步各方力量将如何变化?你从中发现某种必然了吗?

追兵补位

随着 iPhone 在高端用户群体中声誉日隆,各国的首席运营商都明显感受到了压力。经历几年的磨合谈判,截至 2013 年年底,中、美、英、日等国运营商渠道终于全部和苹果达成合作。三星不得不面对的现实是,自己作为"苹果替代品"的渠道红利从 2014 年起消失殆尽。

既然借势而起,势衰又将如何?失去渠道优势的三星与苹果回归同一起跑线,用户是否还愿为三星的高价买单?这是三星需要回答的问题,而答案不容乐观。

如果站在 2013 年的分水岭上回看,智能终端市场的形势走向很清晰。随着低端处理器性能的提升和安卓系统的进化,以"中华酷联"①、小米、华为为代表的中国手机厂商基于安卓系统开发的智能手

---

① 中兴、华为、酷派和联想国家公司被媒体合称为"中华酷联"。

机可用性不断提升，而定价却大幅低于三星。前有"品质代表"，后有"价格屠夫"，三星在夹缝中没落几乎是一种必然。

从 2013 年起，三星的手机销量出现下滑，尤其在中国市场，下滑幅度非常明显。三星 2014 年第三季度财报显示，净利润同比下滑了48.8%，创 3 年来的新低。另外，三星 2014 年第四季度财报显示，利润继续下滑，其中，三星移动业务的利润为 1.96 万亿韩元，低于 2013 年同期的 5.47 万亿韩元，同比下降 64%。

三星称，移动业务受到苹果新款 iPhone 和中国智能手机厂商廉价产品的双线压制。如其所言，中国手机厂商的崛起对三星产品造成了巨大威胁。不管是小米、酷派还是 OPPO 这类新兴的互联网手机品牌，还是华为、联想这样的大企业品牌，都削弱了三星的实力，一家品牌一旦丧失了中国市场的主导力，其全球市场份额也会大受影响。

可见，在三星的"机会窗"面前，每家国产手机品牌都铆足了劲，想要成为下一个三星。如果华为在这个时候决定进入手机市场，那么我们可以分析，它是看到了三星显现的缺口。然而，华为在 2011 年就做出了终端战略决定。难道，公司在当时就预见了这次机会吗？如果是，它是如何做到的？

或许我们可以切换到用户视角来模拟华为在 2011 年对市场机会的分析：

2011 年，三星坐拥运营商红利，其最大优势就是在价格上，品牌和产品体验则稍逊于苹果。而随着时间向后推移，假如国内安卓厂商经过几年积淀后奋起直追，能在产品体验方面逼近三星，同时又能控制成本使价格上浮不大。那么此消彼长之下，用户选择的综合评分清楚显示：三星将从最优选项逐步沦为劣势选项。

当然,这里面仍然存在着许多不确定因素。如果没有"道"与"术"的加持,任何对"势"的解读意义都不大。比如,三星也在持续优化产品,它能否找到逆袭苹果的法门?苹果与运营商博弈的时间将有多久?留给华为的追击空间有多大?国内智能手机产业链成熟速度如何?毕竟,供应链、采购、生产制造、质量控制等环节对智能手机的生产影响巨大,任何环节的缺失都将导致结果误判。

不过,对"势"的预判不必追求确定性,未来总是不确定的。"势"的意义在于发掘可能存在的潜在机会,再应机而变、积聚力量,从道与术的层面将"可能"转化为"现实"。事实证明,华为运气不错。

大屏之道

在已确定"要做"的基础上,谈论到底该"做些什么"似乎是一个更容易的话题,但事实不是这样的。我们承认"势"的抉择比"道"更重要,但"道"的抉择难度却几乎和"取势"相差无几。小的系统循环同样五脏俱全。

偶然的意义

1990年,营养学专家杰瑞·斯特恩(Jerry Stern)应越南政府邀请前往解决当地儿童营养不良的问题。按照惯常的营养学理论分析,营养不良是由一系列问题导致的:糟糕的卫生系统、普遍存在的贫困现象、水源不干净以及居民健康意识薄弱等等。可所有这些常规分析,对当时的状况来说都是正确但无用的(True But Useless)。

因为政府根本没有那么庞大的资金投入到解决贫困、建立卫生系统的浩大工程中。

面对资源有限的困境，斯特恩的做法是：通过实地调查的方式寻找是否存在成功特例。这一做法的隐含思路是，如果资源有限、环境不可改变，那么我们是不是可以找到能够成功适应环境的个体，进而找出这些个体能够适应环境的方法。

结果，他真的发现有一些来自贫困家庭的孩子可以健康成长。通过研究这些孩子的父母喂养孩子的方式，斯特恩发现了成功样本的不同之处——他们会将每天总量一定的食物分为多次喂给孩子，并在米饭中添加一些小虾和野菜。确定特例成功的原因后，斯特恩将这套喂养方法论推广普及到更多家庭，从而最终解决了当地儿童营养不良的难题。

一个商业逻辑能够成立一定是因为它能有效地解决问题。因此，斯特恩解决问题的思路为我们揭示了一个商业中普适的真谛：那些看似偶然的特例常常是困局中成本最小的突破口。由社会环境、群体需求等各种因素综合形成的产业趋势力量无比巨大，企业的航船必须要适应环境趋势的发展，才能破局而出。企业经营者在设计产品时，"去发现""去不断尝试"才是促使优秀产品诞生的最佳方法。我们不能凭空假想环境可以被我们的产品所改变，事实上，很多时候创新都是试出来、找出来的。

不过试错不能是毫无目的的。严格来讲，创新考验的是设计者对成功案例的归因能力。

比如在斯特恩的案例中，如果他观察了那些成功样本却没能总结、提炼出样本的特别之处，又或者，如果他总结提炼的不同之处其实并不是帮助孩子健康成长的核心要素，那么最终他所总结的方法论也将是无效的,没有办法解决问题。斯特恩的成功在于他既用对了思考方式,又准确识别出了成功案例的成功因子,并在实践中证实了自己的想法,如此才能推而广之,惠及众多的越南家庭。

在复杂的商业环境中情况更是如此。我们会看到创新本质上包含了一系列紧密相关的步骤:发现—试错—验证—推而广之,四大环节缺一不可。

发现:向黑莓取经的三星

谈及智能手机时代的大屏机风潮,作为引领者的三星是一个绕不开的话题。三星 Galaxy Note 系列开创了大屏智能手机的先河,其后苹果的 iPhone Plus 或是华为的 Mate 系列,都可以视为大屏风潮的跟随者。那么,三星是怎么想到要推出这样一款产品的呢?回溯起来,这里面还涉及另一个看似八竿子打不着的公司:黑莓(Blackberry)。

2011 年 9 月,三星在德国柏林国际电子消费品及家电展览会中首次发布 Galaxy Note 系列机型,首款型号为 i9220。Galaxy Note 最初的产品设计定位于商务人士。因为三星研发人员意识到:在小屏幕智能手机上处理工作邮件不够方便,而随时携带笔记本或平板电脑又太费力气,于是他们判断——在小屏手机和平板电脑之间应该存在着一个更具平衡力的市场空间。

注意,这一商业逻辑中其实包含了两个重要假设:

◇ 用户确实有强烈的、便捷处理商务通信(尤其是邮件)的需求,并且这个需求的群体体量还不小;

◇ 采用大屏化的设计方案,可以大幅超越现有产品,有效解决用户的商务通信(尤其是邮件)需求。

这两个假设都成立吗？三星想必给出了肯定的回答，由此才确定推出大屏产品。那么，我们试着来简单复盘一下当时三星的"发现"之旅：

我们知道，三星是面向全球市场经营的企业，美国是它重要的目标市场之一。而在美国的商务社交环境中，电子邮件是最主要的沟通载体。从逻辑上讲，假设一很可能是成立的。不过这种简化问题的推理方式并不可靠，三星还必须找到有力的事实依据去佐证它的推断。

这时，曾经叱咤一时的黑莓手机走进了三星的视野：黑莓手机诞生于 1998 年，这款产品拥有小小的标准英文黑色键盘，可以概括成一部无线电子邮件接收器。

在 2001 年的"9·11"事件中，美国通信设备几乎全线瘫痪，美国副总统切尼的黑莓手机因为有无线接收功能，得以成功进行无线互联，随时随地接收关于灾难现场的实时信息。因此"9·11"之后，这款便携式电子邮件设备很快成为企业高管、咨询顾问和华尔街商人等高端商务人士的常备电子产品。截至 2013 年，RIM 公司（黑莓手机的制造商）已卖出超过 1.15 亿台黑莓手机，占据了近一半的无线商务电子邮件业务市场。

黑莓手机的成功有力地佐证了三星在假设一中对需求和体量的判断，接下来就是怎么做的问题了。三星需要向包括黑莓手机在内的所有现行产品方案发起挑战，用自己的大屏设计方案去证实第二个商业假设——就这样，Galaxy Note 诞生了。

Galaxy Note 系列首款试水产品 i9220 拥有 5.3 英寸的超大屏幕，屏幕像素密度接近苹果 iPhone 4 的 326 ppi，制作可谓相当精细。为了让商务用户获得更好的体验，三星还特意为 i9220 设计了一支数字笔 S Pen,可以直接用它在屏幕上做笔记或画图。超大屏幕使得书写面积得以拓宽,而 S Pen 则令书写的便捷性、精准度进一步上升。此外,在视频方面 Galaxy Note 支持最高 1080P 的视频播放,娱乐功能毫不逊色。

发布后,首款大屏产品销量反馈良好。不过更令三星欣喜的是,除了商务用户外,还有很多女性用户非常喜欢 Galaxy Note 的大屏体验。这个意外惊喜让三星对 Galaxy Note 系列充满了信心——研发人员看到了在预想假设外的另一个成功因素!

于是,在综合搜集用户反馈后,另一个引爆计划开始在三星内部悄然酝酿……

Mate,跟随者的难题

2012 年 9 月,三星乘胜追击,推出 Galaxy Note 2。发售首月销量即达 300 万台,头 2 个月销量达到 500 万台,整体销量更是超过 3000 万台,三星赚得盆满钵满。

大屏狂潮正式爆发。

面对来势汹汹的三星,华为必须要做出抉择——跟还是不跟?

这是商业竞争中普遍存在的议题:当竞争对手率先推出一款新产品并获得用户热烈追捧时,我们是选择果断跟进还是坚持自己的产品节奏?如果跟进是怎么个跟法?如果不跟,又靠什么策略摆脱相对劣势?

如果只是简单"模仿",企业很容易落入表象的陷阱。国画大师齐白石的名言"学我者生,似我者死"也表达了类似的意思。如果华为跟随三星的做法仅仅是"做一款大屏手机",那它失败的可能性是很大的。华为必须先回答一个问题:三星 Galaxy Note 系列成功的根本原因到底是什么？只有当我们能精准地看到对手成功现象背后的原因，才能正确选择自己的行动路径。

这里又存在着两种可能的假设：

首先，我们假定三星了解自己成功的根本原因，那么它在推出第二代 Galaxy Note 时一定会在功能演进上有所倾斜。作为跟随者，可以通过观察、比较前后两代的特性差异进而做出判断。

其次，我们假定三星并不了解自己成功的根本原因——商业史上类似的案例比比皆是，很多企业之所以不能保持持续的领先优势，正是由于它们误解了自己成功的原因。那么，作为跟随者则必须比对手看得更精准、理解得更深刻。

正如管理学大师彼得·德鲁克（Peter Drucker）在《创新与企业家精神》一书中所指出的"创造性模仿"战略。"企业家所做的事情，乃是别人已经做过的事情，但这件事情又具有'创造性'。这是因为运用'创造性模仿'这一战略的企业家，比最初从事这项创新的人，更了解该项创新的意义。"

具体到 Galaxy Note 系列的案例上，三星显然充分认识到了自身成功的原因，假设一的可能性更高，这点从其营销的打法可见一斑。

2013 年，《继承者们》《来自星星的你》等一系列韩剧开始热播。剧里李敏镐、全智贤、金秀贤等众多韩星人手一部 Galaxy Note，潇洒霸气地谈情说爱、飞天遁地；剧外三星更是发动全网营销攻势，谈起 Galaxy Note，女性用户普遍会用"显脸小神器"来形容。一时间，Galaxy Note 成为时尚娱乐的代名词。

华为也在 Galaxy Note 发布的同一时间意识到了三星所看到的关键点：对中国市场而言，大屏设计方案不仅适用于商务用户，更重要的是，它与视频风潮的盛行紧密契合。2013 年被称为中国 4G 元年,4G 牌照在经过 1 年多的千呼万唤后,于 2013 年年底正式发放。这标志着国内移动互联网正式迈入高速的 4G 时代。随着流量价格日趋走低,视频风潮的爆发是可能性极高的事。

看清这点后,华为果断决定跟进。以启动一款型号的成本,搏一个可能性极高的回报,无论如何,这值得一试。

Galaxy Note 2 发布短短半年后,2013 年 3 月,华为就推出了同样主打大屏设计的 Mate 系列。并且,因为华为看得足够清楚,Mate 打从一开始就是有设计章法的、有的放矢的。

路找对了就要聚焦

在多年后回头复盘,我们会发现当时启动 Mate 项目的华为终端正站在一个风起云涌的十字路口。身后,曾被寄予厚望的 P 系列依然嗷嗷待哺;前方,则是市场前景尚不明朗、大雾弥漫的山路。

要准备启程的华为人心里清楚:一个精准发现不过是婴儿蹒跚迈出的第一步,如果没有资源的配合,如果不能把所有力量聚焦到发现的那个点上,很可能迎接他们的就是失败的结局。找对路只是前提,不断聚焦、再聚焦才是产品成功的有力保障。

比如,早在 1928 年,英国科学家弗莱明(Fleming)就在实验室中发现了青霉菌有杀死葡萄球病菌的功效。但青霉素却是在第二次世界大战期间的 1943 年才大规模派上用场的。原因就是浓度不够、剂量不够——用今天的话说就是不够聚焦。十余年过去后,二战爆发,由需求驱动研发,病理学家弗洛里团队才进一步确定了剂量的问题。

再后来,美国及各大制药公司也参与到生产的队伍中,一起强势推动,青霉素针剂才最终成为一个成功的、面向普罗大众的产品。

从 0 到 1,再从 1 到 n,靠的就是把资源聚焦到发现点上的能力,并且所有功能特性都要围绕着发现来设计,强化而非削弱它。具体到 Mate 的产品设计上,华为围绕用户的视频娱乐体验,推出了几项重磅聚焦的功能：巨屏、超强电池续航力、最全视频解码力。

首先,屏幕方面。Mate 的屏幕设计为 6.1 英寸,比同期 Galaxy Note 2 屏幕还大 0.6 英寸。全贴合 IPS(In-Plane Switching,平面转换)材质 1280×720 HD 高清分辨率大屏,比普通屏幕更轻薄透亮,拥有更大可视角度。

其次,电池续航问题一直是制约用户畅享视频的要素之一。华为 Mate 拥有可能是当时智能手机中最高容量的 4050 毫安锂聚合物电池,华为以自身 20 多年的通信技术积累,开发出了应用于智能终端的 QPC(Quickly Power Amplifier Control,快速功放控制,简称 QPC)技术及 ADRX(Automated Discontinuous Reception,自动非连续接听,简称 ADRX)等智能节电技术。将 Mate 手机功耗整体降低 30% 以上,解决了智能手机普遍面临的续航难题。一般用户可以轻松续航 48 小时以上,实现整季剧集连播。

最后,国内视频格式种类繁多,有时候即便有视频资源,手机无法解码,用户也只能干瞪眼。Mate 提供了当时最全的视频解码功能,几乎支持所有视频格式硬解码。包括 MPEG-4、H.264、H.263、RV7-10、WMV9、VP8 等,同时支持 rm、rmvb、3gp、3g2、avi、mp4、wmv、flv、f4v、mkv、mov、asf 等文件封装格式,单反相机拍摄的视频也可以直接播放；拥有 Dolby Digital Plus 解码和音效后处理技术,超清晰音质,支持 mp3、mp4、3gp、wma、ogg、amr、aac、flac、wav、midi 等格式的音乐文件播放。

通过一系列产品方面的聚焦举措,Mate 系列给自己开了个不错的头。不过作为跟随者,华为清楚 Mate 系列产品尚处于用户培育期,市场反馈不会太积极。因此团队对 Mate 的销量预期比较低,整体备货量都不高。怀抱着这种小步快跑的试错心态,Mate 正式踏上征途。

引爆术

有评论说:"华为手机爆发是迟早的事,多年形成的技术积累以及对于消费者体验的重视是华为手机获得市场认可的基础,而竞争对手的失误也让这个时间点提前到来。"

华为内部人的感觉是,Mate 7 像是突围战,大家都没有反应过来,市场就占住了。在此之前,没有人预测到,Mate 7 为华为敲开了中高端市场的大门,共计 700 万台的总销量超越了 Ascend P 系列的成绩。Mate 7 成功之后,华为取消了 Ascend D 系列,选择在 Mate 系列持续发力,乘胜追击,稳固了 Mate 的市场地位。

安全附着力俘获政企精英

值得高兴的是,Mate 7 成为高端机爆款之后,华为产品此前被人忽略的诸多优点终于浮出水面,比如电池续航能力强、通信信号好、对人体辐射小、双卡双待功能等,自主研发的麒麟芯片也得到了业界的充分肯定。就连华为手机的 GPS 里程计算更精准这种细节优势,

也被细心的用户发现并大力赞赏。除了产品优秀之外，还需要结合
Mate 7 所处的市场环境，才能更完整地解读这款超值高端手机的成
名之路。

Mate 7 发布时，正遇上手机行业密集发布旗舰机的时间段，三星
Galaxy Note 4 比 Mate 7 早 1 天发布，苹果的发布也仅仅晚了几天，
夹在中间段发布的 Mate 7 面对两大强劲对手，按理说是凶多吉少。

然而，一切并没有想象那么糟。2014 年 9 月 10 日，iPhone 6 和
iPhone 6 Plus 终于在果粉们的千呼万唤下登场，并确定 9 月 19 日在
全球多个国家和地区同步上市，其中包括美国、英国、加拿大、法国、
德国、澳洲、日本以及新加坡等国家，但不包括中国内地。

一直到 9 月底，iPhone 6 才获得了入网许可，决定 10 月 17 日在
中国内地上市。然而，在 9 月几乎一整个月的等待时间里，并不是每
个决定换机的用户都死守着 iPhone 6 的到来，其中很多人转而选择
华为 Mate 7。另外，在 iPhone 6 发布前，国内渠道商原本准备了大量
资金准备进货，一时之间，这些资金却因为中国内地没能进入首发名
单而成为闲置资金。为了让现金流动起来，渠道商选择进购其他品
牌产品，比如市场反响正盛的华为 Mate 7。

苹果在中国市场的失利，远不止推迟 1 个月发布这么简单。马
尔科姆·格拉德威尔（Malcolm Gladwell）在他的畅销书《引爆点》中
提出过引爆流行的三条法则：附着力法则、环境威力法则、个别人物
法则。Mate 7 的引爆很好地印证了这三条法则。

首先，内容附着力是深度传播的一个基本前提。Mate 很好地抓
住了"手机安全"话题，借势发酵，效果显著。

2014 年 7 月，数篇质疑苹果手机安全性的文章引发一轮热议。
关于"公职人员应禁用苹果手机"的呼声不断。事件起因是，苹果公

司承认，该公司员工可以通过一项未曾公开的技术获取 iPhone 用户的短信、通讯录和照片等个人数据。

这则消息很容易让人联想起美国中央情报局原技术分析员斯诺登（Snowden）在 2013 年披露的"棱镜计划"。据披露，美国国家安全局和联邦调查局于 2007 年启动了代号为"棱镜"的秘密监控项目，直接进入美国网际网路公司的中心服务器挖掘数据、收集情报，包括微软、雅虎、谷歌、苹果等在内的 9 家国际网络巨头皆参与其中。事件一经披露就震惊全球，也让斯诺登开始了漫长的逃亡生涯。

如果"棱镜计划"属实，那其他国家使用苹果手机的人会不会也正被美国政府监控？这样的猜测是合理的。斯诺登还曝猛料称，美国对中国的监控"自 2009 年就开始了"，并且通过入侵网络主干（基本上都是诸如巨大的互联网路由器一类的设备）获取数十万台电脑的通信情况。

这些安全问题首先引起了国内专家学者的重视。一篇评论文章指出："由于普通用户对隐私问题的警惕性不高，加上很多潜在的隐私问题用户一般也难以察觉。苹果可获取用户隐私的消息恐怕很难引发民众大量关注。但是，对于已经将网络安全提升到国家战略高度的中国来说，无论在用户的隐私保护上，还是国家的信息安全保护上，iPhone 的安全问题都不能再像过去那样'民不告官不究'。"

除了提出质疑，专家也呼吁政府不能再坐视不管，应该让苹果给予最充分的说明和解释，并且让有公信力的第三方评估严重程度，找到妥善的解决办法。专家给出的稍微激进的建议是，可以要求党政军以及关键基础设施的人员，禁止使用苹果。"因为苹果手机是硬件、软件和云服务等完全一体化的封闭系统，外部企业和安全厂商无法插手，对于潜在的安全问题只有苹果单方面的说辞，很难进行公开透明的有效评估和改进完善。"

毋庸置疑，在苹果手机和安全之间，人们大多会选择安全。尽管隐私泄露事件并没有得到公开确认，但对普通人来说，多加小心总是没错的。于是，在专家呼吁下，苹果产品开始从政府采购清单中消失。同时遭到中国政府排斥的还有 IBM 等美国巨头科技公司的一些产品。而采用安卓系统的国产手机的安全性则得到了广泛肯定。

华为 Mate 7 适时推出不输苹果手机的指纹识别功能，由于指纹供应商器件成本及供应能力不足，国内其他品牌手机无法快速拥有 Mate 7 的指纹技术，这使得 Mate 7 成为消费者独一无二的选择。

其次，除了舆论深受手机安全影响，政策环境的变化也进一步助推华为 Mate 7 成为爆款。

2014 年年底，中共中央政治局会议审议通过了关于改进工作作风、密切联系群众的八项规定，其中对勤俭节约、廉洁奉公的要求尤为严格。而 iPhone 6 和 iPhone 6 Plus 最低价高达 5288 元/台，最高价已近 8000 元/台，如此奢侈的价格，显然不在勤俭节约的产品之列。同时，iPhone 在中国内地售价高于海外地区的定价规则也引来很多人的不满，而华为手机则相反，国内价格低于国外价格，这样的做法，让许多中国消费者感到很暖心。

因此政令一出，大批公务员改变了购买苹果的决定。同样是高端机，Mate 7 高配版仅售 3699 元，理智又不张扬。

最后，华为还找到了一批忠实的"商务代言人"，将个别人物法则运用到产品的宣传中。

新东方创始人俞敏洪在"全球创新论坛 2015 年会"的讲话中谈道："我认为三星是必然会失败的，我当了三星 5 年的忠实用户，最后发现没有一款手机是我身份的象征。当任正非把 Mate 7 手机送给我的时候,我觉得这不光是身份的象征,这是民族产业的骄傲。建立粉丝经济,不是什么客户都抓,而是抓你能抓住的。"

2015 年 11 月,万科总裁郁亮,*TARGET* 杂志出版人沈清、凤凰新媒体 CEO 刘爽、知名导演乌尔善等精英人士亲临发布会现场为 Mate 8 站台。他们和俞敏洪一样,都是上一代产品 Mate 7 的忠实粉丝。郁亮在现场"大倒苦水"说华为 Mate 7 难买,问了很多地方都买不到,最后还是走后门找到余承东,老余送了他一部。

此外,比亚迪总裁王传福、前安踏副总裁张涛、乐钱金融 CEO 王炜、猎豹移动 CEO 傅盛、博联社创始人马晓霖、创业黑马集团董事长牛文文等,都主动为华为 Mate 8 点赞,推荐身边的朋友购买华为手机。他们为华为免费营销的原因,无疑是对 Mate 系列商务性的认同。

在业界,Mate 7 被视为华为在高端市场站稳的标识。它和 P6 一样,都具有强大势能,堪称是华为手机的开创性产品,而这类产品的统一特质就在于——在正确的时间做正确的事情。

就 Mate 7 而言,如果没有 Mate 1、2 和此前 P 系列的积淀,就不可能一问世就有过硬的硬件配置。如果没有大环境影响,就难以创造机遇,更谈不上抓住机遇。成功具有偶然性,但只有先做好自己,才有可能抓住稍纵即逝的偶然机会。Mate 7 的成功充分说明,一款手机产品的成败与质量有着必然关系,但同时还会受到政治、经济和社会环境的影响。引爆流行的三大要素缺一不可。

经营用户,以情感塑口碑

"以客户为中心",不是一句简单的空话。尤其在互联网时代,企业除了要为用户创造高品质的产品和服务之外,还要学会经营用户。

　　华为经营用户的体系是如何搭建的？

　　其实，从用户输入 ID 成为华为注册用户那一刻开始，华为就开启了经营用户的路程，ID 就是打开经营大门的钥匙。通过一个 ID，华为迈出经营用户的第一步——和用户产生关联。

　　紧接着，华为通过经营用户，完成了把简单绑定的用户变成粉丝、再把粉丝变成核心粉丝的过程。

　　企业和用户，就像是拥有彼此联系方式的普通朋友，在需要的时候能够找到彼此；当一个客户主动为企业宣传，向身边的人推荐企业的产品、服务时，那么他就成了企业的粉丝；随着彼此认识的加深，粉丝就像产品经理人一样，对企业非常熟悉，他会主动加入企业的业务中，成为粉丝群里的领袖人物，帮助企业赢得更多的粉丝，这就是一位核心粉丝的表现。

　　而要拥有更多的核心粉丝则需要细致地付出：Emotion UI（简称 EMUI）①的每一次更新、每一次改动，哪怕是微小的调整，都是经营用户的表现；用户在华为商城的每一次购买经历，华为都会认真了解；升级售后服务，推出以旧换新、免费更换、全球回收计划等服务，可以为用户解决后顾之忧；建立花粉俱乐部，推出支付服务"Huawei Pay"，则是力求做到服务无处不在。

　　用户经营是一个高度闭环的体系，引爆销量只是体系中的第一环。如果产品不能在使用各环节为用户提供价值，不能贴心呼应用户情感，自然无法吸引用户重复购买，产品品牌也不会有生命力。只有从情感出发的用户经营才可以称为体验。而只有好体验才能塑造好口碑，只有好口碑才能实现品牌成长的闭环。

　　———————————

　　①　Emotion UI 是华为基于 Android 进行开发的情感化操作系统。

从"情感—体验—口碑—品牌"的路线可以看出,情感经营是用户经营的源头,华为手机系统 EMUI 的诞生也源自于此。

早在 2012 年,华为 P1 推出后半年,EMUI 官网即发布上线。2016 年 7 月 30 日,华为正式对外发布 EMUI 1.0 版本,标志着华为终端在软件服务领域的新尝试。

华为终端团队一开始对 EMUI 的定位就非常清晰——打造最具情感的手机系统,主打"简单易用、功能强大、情感喜爱"。此后几年,华为一直践行情感 UI 的理念,取得了一次又一次突破。

EMUI 问世之初,国内多家手机厂商也都拥有基于安卓系统的品牌 UI 系统。比如国内最有名的小米 MIUI、三星的 TouchWiz、酷派的 Cool Touch 以及 HTC 的 Sense 等。与竞争对手相比,EMUI 1.0还谈不上出色。

不过在桌面、情景模式、智能指导等方面,EMUI 率先尝试了一些有趣的新玩意。比如,EMUI 可以利用自身配备的各种感应器及相关技术来定位、跟踪时间和其他信息。这样,当用户开会、开车或睡觉的时候,手机可以智能为用户选择最合适的情景模式。

华为公司内部有一个经典故事。公司员工每天中午会有 1 小时的午休时间,但是有一天在大家午休的时候,公司一位工程师在会议室开会,没有随身携带手机。这时候,工程师的妻子给他打电话,想和他商量女儿读书的事情。结果几通电话打过来,把办公室正在午休的同事吵醒了。一个女同事接起电话说了一句:"我们在睡觉呢。"

尽管这是一个内部笑话,但也让人有所反思。如果工程师的手机足够智能,那么它就能感知周围的环境,了解到大家在休息,就能够自动把手机模式调为轻柔震动。EMUI 的创立,就是为了智能地解决类似的问题。

随着华为手机一代接一代地推出，EMUI 也多次更新升级。

2014 年，华为 Mate 2 发布时，EMUI 升级到 2.0 版本。在原有基础上，研发团队进一步提升了"一屏多用""悬浮窗"等功能。如果用户在看视频时刚好收到微信消息，他不用切换到微信界面，就能通过屏幕上的"悬浮框"浏览微信信息。如果发现消息不重要，他可以在视频看完后再去回复。

2014 年 9 月，Mate 7 携 EMUI 3.0 正式亮相。EMUI 3.0 用了整整一年半来打造，被认为"具有革命性设计理念"。

从手机界面看，EMUI 3.0 的时间轴更加规整，采用了极简的点圈设计、更加紧凑的排列组合……第一面就给人清爽大方的感觉。Mate 7 主打大屏，但大屏不利于单手操作，华为提前考虑到了这一点。在 EMUI 3.0 中，只要用户轻轻晃动手机，文字键盘、悬浮窗等就可以自动转换到能单手触摸的位置，操作便捷。可以说，Mate 7 的软硬件达到了前所未有的智能融合。两者不再孤立思考自己的设计方向，而是建立了彼此依赖、促进的亲密关系。

不仅如此，EMUI 3.0 还带来了亲情关怀等全新功能。

我们知道，许多中老年人在使用智能手机时常遇到一些操作难题。这时候，他们往往会求助于自己的儿女。可如果儿女没在身边，仅靠电话沟通总是很难把问题描述清楚。EMUI 3.0 的亲情功能彻底解决了这个问题。用户可以基于网络实现控制对方手机功能，远程解决功能设置或安装软件等使用问题。尽管不能陪在父母身边，儿女也能动手为父母解决问题，略尽绵力。这样的体验能为亲人们创造一次次感情交流的机会，这就是从用户出发的情感化体验设计。

另一方面，由于华为 Mate 系列主要为政企精英人士服务，主打安全牌，EMUI 3.0 也做了许多安全方面的应用。比如，基于华为在业内领先的全球云端安全服务器,EMUI 3.0 为每个使用者提供了数据加密传输、数据加密存储等多项服务,随时随地保护使用者的数据安全。

在 EMUI 3.0 时代,华为 EMUI 研发团队已从最初的 100 人扩大到了千人以上,设计、研发、云部门等职能也愈加完善。在华为内部,UI 不仅仅是一个界面,更是整个操作系统,这个观点越来越深入人心。

来到 2015 年,人们对 EMUI 4.0 的关注甚至超过了对 Mate 8 的期待,用户与 EMUI 之间的感情黏度可见一斑。在 EMUI 4.0 时代,情景智能可以通过系统智能抓取信息。无论是日常生活中的天气预报、生日提醒、信用卡还款,还是商务场景中的航班、酒店、会议等信息,都可以自动生成事项卡片,自动提醒用户完成待办事项……EMUI 4.0 的智能云图能按人像和美食将云相册照片智能归类,帮助用户大幅提升寻找照片的速度。手机找回功能可以帮助消费者在手机丢失时定位手机,并远程删除数据……通过持续不断地洞察用户、优化细节,EMUI 变得越来越智能贴心。

没有用户洞察就做不到智能化与情感化,EMUI 及华为终端的持续升级还离不开充分的用户调研行动。

从 Mate 7 开始,许多苹果、三星品牌的高端用户转用华为,其中有很多 CEO、总经理级别的人物。余承东曾说,很多买 Mate 7 的用户都是高端人士,他们不差钱,愿意加价,这是市场经济产生的结果。他的这番分析并不是空口无凭,也不是他自己的观察,而是从消费者调研中得来。

华为曾针对高收入人群,在中、美、英、日 4 个国家开展调研,将用户进一步分为精英人群和高收入稳定人群。前者追求手机的独立性和特殊性,后者则更注重安全性和低调感,不会轻易向身边人展示自己的手机。

此外，华为还在北京、上海、广州和深圳4大城市进行了Mate 7的深访调研。用户被请到华为实验室，进行了2小时的面对面交流。主要谈论使用Mate 7的感受和意见。同时，华为还发布了网络调查问卷，收集了大量样本，结合深访调研进行了总结。结果显示，Mate 7用户年龄在30到45岁之间，已婚，有小孩。很多是企业的高层主管或社会地位较高的公务员，很多人月收入在3万元以上。Mate 7还由此得了一个"处长专用机"的称号。

随着EMUI系统代代更新，华为终端对用户的了解也越来越多。

2016年1月，华为发布《2015年度·华为消费者云服务白皮书》，对华为手机用户的使用偏好进行了一次大盘点。

白皮书数据显示，华为基础云服务用户数相比2014年增长320%，其中，使用云相册和开启手机找回功能的用户数相比2014年分别增长了429%和210%，这说明上述两类基础云服务备受消费者欢迎。

除了华为基础云服务，华为应用市场中的各类第三方应用也备受消费者欢迎。白皮书显示，每天有超过2500万名用户在华为应用市场寻找自己喜爱的应用，华为应用市场2015年全年应用下载量为175亿次，单日下载峰值高达1.4亿次。

白皮书还显示华为用户喜爱重度游戏，其中经营策略类和角色扮演类游戏下载量增长迅速。此外，华为用户也喜爱社交与出游，习惯用手机享受便捷的生活服务。2015年，华为用户的社交通信类应用下载量超过22.7亿次，同比增长317%。出行导航应用下载增长迅速，下载量超过12.2亿次，同比增长超过401%。生活应用类应用下载量超过22.7亿次，同比增长338%。

这一连串的数据,是有温度的,华为在这些数据的帮助下,对用户有了更具体的了解和认识。对华为来说,这些数据就像一张张用户的画像。他们有共同的爱好,有不一样的个性特点。他们,就是华为的中心。

我们可以看到:自始至终,华为终端所做的一切努力都体现了公司"以客户为中心"的宗旨。任正非认为,一家公司存在的理由就是为用户创造价值,如果做不到就会完蛋。公司奋斗的目的是降低成本和提升效率,以此实现为用户创造价值的终极目标。

"芭蕾脚"走向世界

"我的字典里只有第一,没有第二。第一是我们的目标,只要不断地努力,总有一天我们会成为第一。我们的目标是非常远大的,不要怀疑我们的决心,不要怀疑我们的执行力,不要怀疑我们的干劲,也不要怀疑我们执着的精神。我们虽然很笨,很傻,但是我们很努力,很执着,很聚焦。"类似这样的话,余承东说过很多次。

当华为推出 Mate 8 的时候,直接喊出了"执念是一种信仰"的心声。在这个快速变化的新时代,什么是必须坚持的? 什么是值得永远追求的? 华为提出"想和这个时代谈一谈"的想法,抛出了四大问题:"坚持是这个时代的奢侈品,还是必需品?""浅思考的时代是制造热点重要,还是坚持真实重要?""全民都在奔跑的年代,我们何处安放心灵?""用 28 年来造好国货,还是去海外扫货?"

面对这样的问题,每个人的答案不同,但相信大多数人都感受到了华为传递的坚持精神。余承东认为:"华为是个长跑型选手,不是短跑型选手,我们有耐力,而且不断加速,跑得越来越快。可能过去落后于对手,但只要前期阶段不死,我们后期就会越来越好,赶上对手,超越对手。因为前期阶段我们不懂,在学习。"诚然,坚持的结果,不是体力透支,而是积蓄力量,变得更加强大。

　　在 Mate 7 突破了销售量,成为华为第一手机之后,Mate 8 又提出了"突破再一次"的口号,这样的底气来自于日复一日的坚持,来自于苦难中的成长。2015 年 1 月 22 日,在达沃斯论坛上,任正非解读了一条华为的广告。在广告画面中,是一双芭蕾舞者的双脚,一只脚穿着舞鞋光鲜亮丽,十分优雅,另一只脚赤裸着,满是伤痕,两只脚形成了鲜明对比(见图 6 - 3)。这则广告的配语是:"我们的人生,痛,并快乐着。"英文版广告语为: The journey is hard. And joyful.

　　任正非对此理解为:"一双跳芭蕾舞的脚,一只是穿着鞋子的脚,一只是脱下鞋子的烂脚,我说这就是华为的人生,'痛并快乐'。华

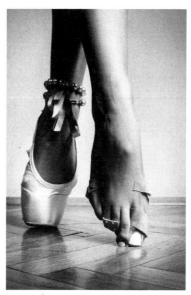

图 6 - 3　芭蕾舞者的双脚,完美背后隐藏的是无数的努力和付出

为就是那只烂脚,如果你不表现出来,别人觉得我们这只脚还挺好。"一时之间,华为没有穿鞋的烂脚引发了全球热议,这其中饱含了华为坚持奋斗、以苦为乐的企业文化精神。

当年3月10日,《人民日报》刊登了这条广告,再次引发了人们的关注。如画面显示的那样,当大家都争抢着站对风口做一只飞起来的猪的时候,华为仍在坚持以奋斗者为本的精神,尽管伤痕累累,却从未放弃拼搏。发展近30年来,华为所坚持的文化已经成为一种执念,执念又变成了一种信仰。

通过"芭蕾脚"广告,华为告诉全球,公司是因为坚持付出才获得了今日的成功,同时也提醒华为员工,公司十分珍惜那些默默付出的"烂脚",这是华为人的光荣与梦想。对一个芭蕾舞者来说,无论风在哪里吹,都能够轻舞飞扬,但一头猪没有了风口,就会掉下来。

华为的坚持和执念,凝聚到了华为 Mate 8 身上,华为通过一款产品向大家诉说自己的信仰。在余承东眼中,2015年是华为手机的关键之年。他认为:"我们的规模还不够大,我们在高端还没有站得很稳。尽管 Mate 7 一机难求,3000多元的手机加到4000多元还是卖得很快,这种情况在中国手机行业这么多年来是一直没有过的。但是,我们是刚开始进入这种状态,尤其现在全球高端市场还没有形成很大的规模。"

由此,以 Mate 8 为代表的产品肩负着重大的使命。如果 Mate 8 的竞争力够强,华为手机的综合竞争力也就增强了,那么华为品牌就会在全球崛起,今后会走得更远更稳。如果华为在2015年完成立足高端的任务,未来的风险就会大大降低。

紧接着的2016年,在 BrandZ 全球最具价值品牌榜中,华为排名升至第50位。业界认为,这一排名提升归功于华为稳定的运营商业务及其积极进军消费业务领域，尤其是新推出的 Mate 8 和 P9 等高端智能设备得到了全球消费者的认可。

余承东说："这么多年来，牛气一时的公司太多了，但要看谁走得更远，笑到最后，而不是看风光一时。没有长久的积累只能热闹一阵子，我们不希望热闹一阵子，不追求短期的利益，这是我们与市场上一些厂商的差异。"在这样的信念下，Mate 8 实现了突破，发售前两周的全球销量是 Mate 7 的 10 倍，第一个月的全球销量超过 100 万台，4 个月就超过了 400 万台。

华为这个芭蕾舞者再次舞动起来，风采丝毫不输风口上的猪。余承东发微博感慨称："我们一直强调坚持才有突破，选择了一条最难的路，坚定地走下去，结果怎样市场和用户会给出答案，用事实说话。"

实际上，对比 Mate 7，Mate 8 不仅是再一次突破，更展现了华为对高端精品的执着追求。延时摄影、混合导航、声音定向传输、电池抗低温、120 度定向免提拾音、反向降噪……诸如此类的黑科技给 Mate 8 增添了不少魅力，而华为自主研发的麒麟 950 最新芯片，性能比 Mate 7 的麒麟 925 芯片更强大，取得了用户的信任。

在华为终端起步之初，余承东总是爱说大话，而当华为品牌真正取得实际成就的时候，余承东的话语变得谦虚谨慎，没有任何骄傲自满的情绪。他如是说："华为做了很多未来的工作，包括音频技术、照相技术、软件等等，很多操作系统，我们的核心技术都在研究，未来还有很多的创新，最重要的是超过国内的厂家不是值得骄傲的事情，没有什么好显摆的。"

当华为手机一部接一部地成为爆品之后，余承东仍然在强调，华为擅长的是技术，而不是营销，技术是企业的基因。在技术创新上,华为要走到整个产业的前面。只有在创新技术的保障下,当整个市场陷入危机时,华为才能够屹立不倒,才能够靠自己的实力坚强地活下去。

不过,对于华为产品,余承东的自信越来越强。"三星的产品不如我们,没法对比,你用了 Mate 8 就会知道,差距太大了,而且我们的产品体验会越来越好,三星在中国市场已经没法跟我们竞争,只在海外有一点竞争力。"在一次采访中,余承东霸气地评价了三星和华为的差距。

经过了几年风雨,余承东仍然怀着华为能有一款产品销量达到千万台级别的梦想,但同时也知道,这需要一步步来,华为从来不相信天上掉馅饼的美事,公司的每一个成就都是经过艰苦奋斗,穿烂了无数双芭蕾舞鞋,尽管伤痕累累,却仍然咬牙坚持才得来的。

事实证明,在 Mate 8、P8 等产品的强势表现下,华为消费者业务在 2015 年的收入超过 200 亿美元,同比 2014 年大幅增长接近 70%。更大的突破是,华为手机 2015 年全年发货量达 1.08 亿台,同比增长44%,稳居全球第三,也成为中国第一家年发货量过亿台的智能手机厂商。

在成就面前,华为没有忘记脚上的芭蕾舞鞋,没有忘记只有伤痕才能换来成功的道理;面对痛苦不气馁,面对嘲笑不灰心,那些看似过时却是真谛的精神品质——艰苦奋斗、吃苦耐劳、以客户为中心、创新求变,就是华为的执念和信仰。

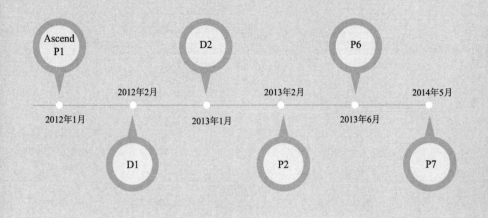

第七章

掌控：尖毛草倒生长

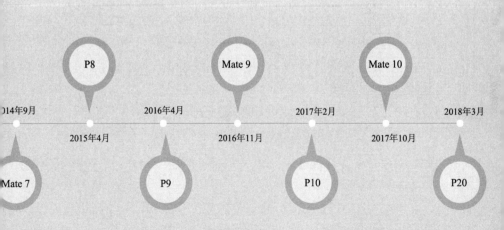

非洲大草原上生长着一种名为"尖毛草"的奇特植物。

在它生长初期,大概 6 个月的时间里,尖毛草露出地面的高度一直保持在 1 寸左右。从表面看,就像进入了停滞期。当同期竞争者都争先恐后向上攀高时,尖毛草就一直这么矮矮地蹲着,不紧不慢的。然而半年过后,一旦雨季来临,它就会像从冬眠中惊醒了一般拔地而起,疯狂生长。这时的尖毛草可以在 1 天内攀升 0.5 米。只需短短几天,它就能超越其他竞争者,傲视群草,成为名副其实的"草地之王"。

为什么尖毛草拥有如此强悍的爆发性生长力?原来在看似无所作为的半年时间里,它一点儿也没闲着。其他野草忙着往上冲,它则默默在地下经营自己的根系,不断向深处探索、汲取养分,存储后继发力的资本。

任正非认为尖毛草这种"倒生长模式"折射出了华为对成长的看法,而华为自主研发芯片的历程正是这种成长模式的典型代表。

扶不起的吸金娃娃

P1 发布后仅 1 个月,华为做了一个大胆的举动——推出 Ascend

D 系列 3 款新机：Ascend D quad、Ascend quad XL 以及 Ascend D1，前两款均采用了华为海思 K3V2 四核处理器，这是华为海思芯片首次运用在智能手机上。

之后，海思芯片在数年内演绎了一场逆袭。在华为终端掌握自己命运的路上，自主研发芯片发挥了至关重要的作用。然而，和手机产品一样，芯片研发起步时也步履蹒跚，而且面临更大的不确定性。

被耽误的 D 系列

2012 年 2 月 27 日，巴塞罗那，一年一度的 MWC 如期而至。

早春的阳光笼罩着这座海滨城市，西班牙巴塞罗那会展中心人头攒动，通信巨头云集。本次大会以"重新定义移动通信"为主题，云服务、四核移动产品、4G 网络设备等成为展会亮点。

对全球移动厂商来说，这是一个特别微妙的时间节点。就在 4 个多月前，随着苹果 iPhone 4s 的发布，一个划时代的天才刚刚惜别了这个世界。虽然人们还不清楚失去乔布斯的苹果将去向何方，但显然，产业巨轮绝不会为谁停止前进。下一轮科技更迭的浪潮将由谁引领？每个与会者都在心中默默给出了自己的答案。

华为在这个问题上自然也有着自己的主张。

早在年初美国召开的 CES 上，华为就拿出了 6.68 毫米超薄机 Ascend P1 S。才过去短短 2 个月时间，余承东又在微博上放出消息，暗示华为将推出另一款规格更高的旗舰手机。显然，新款手机的研发效率令他满意，他在微博上发出"人生能有几回搏"的感叹，为新款手机预热宣传的同时也没忘了给自己的研发团队点赞。

这款神秘机型为何令余承东如此兴奋与期待？在 MWC 现场，答案揭晓。

原来,华为将推出自己期待中的高端智能手机 D 系列,首款机型 Ascend D1 Q 的特别之处在于,它拥有真正的"华为芯"。D1 所搭载的海思四核手机处理器芯片 K3V2,正是华为多年自主研发的成果,说成经年磨一剑也不为过。

不过,虽然余承东对外释放的讯息一直是自信和坚定的,频频使用"史上最强"的字眼形容这款即将面世的机型。但事实上,将 K3V2 用于高端智能机是一个相当冒险的决定。这款号称"世界速度最快、体积最小、发热最低"的芯片,当时还没能安然度过它与手机的磨合期。并且另一方面,由于华为此次出剑直接对准了三星、德州仪器(TI)、高通(Qualcomm)等高端手机芯片厂商,发布消息一出,竞争对手们纷纷警惕起来。

对这一切,华为不可能毫无预料。

"花粉"论坛流出的一张照片显示,余承东与任正非在巴塞罗那参展时,曾在他们下榻的 Pullman 酒店大堂有过一场对谈。从当时的照片看,身着黑色西装的余承东一脸严肃,与西班牙午后懒洋洋的生活节奏形成了鲜明对比。他的身体微微前倾,双手十指交合。或许,那时的他已经预感到自己即将迎接新一轮的压力风暴。

果然,MWC 结束后不久,糟糕的消息接踵而至。

首先是产品发布后大半年才得以上市,原因众说纷纭。一种解释称团队发现了手机与海思芯片的磨合出现问题,导致产品必须修改。另一种说法则是三星推迟了搭载 K3V2 处理器的 Ascend D 系列屏幕供应,导致 D1 无法如期上市。不论真正的原因是什么,华为寄以众望的 D 系列首款机型命运多舛是可以确定的——不仅 D1 出师不利,2013 年年初上市的 D2 也同样遭遇了滑铁卢。

主打防水、号称超级战斗机的 D2 在发布后出现"质量门"事件。

K3V2 虽然抢了四核的先,但是工艺落后,图形核心另类,没有完成基带芯片与应用处理器的整合,体验的缺点相当明显:发热严重、游戏加载不出来……众多缺陷引发不少用户的负面反馈。最后导致的状况是:只要提起华为 K3V2,网友评论几乎一水差评。余承东的舆论压力可想而知。

尽管在事后再回顾,我们可以说 K3V2 间接导致了 D 系列的失败,可以评价说当时这颗"中国芯"还太脆弱、不成熟。不过幸运的是,这段曲折经历没有白费,如果没有 K3V2 与 D 系列的一段深度磨合,如果没有吸取 K3V2 的教训,之后麒麟系列也很难获得成功。

做成一款芯片从来不是朝夕之功。即使暂时未能收获好评,华为人也并未泄气。他们知道:只要继续把根往下扎,希望就在前方。这也并不是海思第一次遭遇挫折,K3V2 这颗"中国芯"在真正被运用到智能手机之前,其实已有很长一段不为人知的扎根史。

追溯起来,故事可以从 8 年前的 2004 年说起。

往事并不如烟

我们常说往事如烟,似乎过去的积淀总会随着时间的流逝而逝去。但在芯片领域,或者说任何实体产业中,这种说法并不成立。过去走过的路即使有错也不会白白浪费,都会化作养分渗透到根部,走的每一步,都算数。

2004 年,华为子公司海思半导体有限公司成立,它的前身是创建于 1991 年的华为集成电路设计中心。

当时距离乔布斯发布第一款 iPhone 还有 3 年时间,国内手机市场还是功能机的天下。但放眼全球,极具前瞻眼光的高通已在 SoC (System on Chip,片上系统,也称系统级芯片,简称 SoC)领域取得了

先发优势。高通于 2000 年将 GPS 集成到多媒体 CDMA 芯片和系统
软件当中,相当于把 GPS、互联网、MP3 和蓝牙功能结合到了一起。
在随后几年里,高通芯片又升级了更多能力,包括处理性能和电源
管理。

如果把高通比作一只跑得飞快的兔子,华为无疑就是一只远远
落后的乌龟。

当时华为并非没有留意到智能手机领域的新变化,但它本着务
实爬行的策略,决定两条腿走路。一方面专注于服务触手可及的客
户,一方面做好防御,适度投入智能手机芯片的研发。

与"以客户为中心"的思想相呼应,华为当时看到距离最近的客
户主要来自无线上网卡、路由器和安防领域,于是芯片产品研发着力
点也主要放在了这几个市场上。

国内安防芯片市场之前一直被传统"豪门"美国德州仪器占据。
海思作为后来者选择从安防市场切入,以极快的速度成功杀出了一
片天地。华为的狼性文化在这次进攻中体现得淋漓尽致。什么有
用就用什么,客户需要什么就提供什么。海思借鉴 MTK① 在手机
芯片领域的成功模式,以"整体解决方案"的思路吹响了进攻的
号角。

"整体解决方案"的核心思想就是"以客户为中心",它不仅适用
于 2C 的消费领域,也同样让 2B 的商务客户喜欢。2006 年 6 月,海思
在台北国际电脑展(Computex Taipei)上推出功能强大的 H.264 视频
编解码芯片 Hi3510,一鸣惊人。海思提供的整套开发包,大大降低
了厂家的开发门槛,中小厂家只需很小的投入即可快速开发出满足

---

① MediaTek,台湾联发科技股份有限公司,全球著名的集成电路设计厂商。

自身要求的产品。并且根据市场需要,海思产品更新迭代非常快速。

另一方面,作为防御,海思于 2006 年同时启动了智能手机芯片的研发,最初研发项目是中低端手机处理器 K3V1,针对 Windows Mobile 系统,全部提供给第三方厂商使用。不过由于前期经验不足,K3V1 直到 2009 年才最终发布。

不过总体来说,那时海思的这些"业绩"在业界看来不过是些小打小闹而已。半导体业内早有共识:集成电路芯片(Integrated Circuit,简称 IC)产业投入有"三高"——高风险、高投入、高产出,对资金的需求非常大。芯片分为模拟芯片与数字芯片。数字芯片市场更大,变化也更快,对工艺有着极强的依赖性。而随着摩尔定律的演进,做数字芯片投入的资金金额通常都是以亿元级起跳的,只有行业的前几位能够存活下来。

所以对当时的华为来说,持续投资海思是需要巨大决心的。因为它不仅是个烫手的吸金娃娃,还是个短时间内扶不起来的阿斗。

海思成立之初,业界流传过很多关于它的段子,其中最典型的一个是这样的:任正非在海思成立时定下了目标——年营收超 30 亿元、员工超 3000 人。而结果是,员工数量的目标很快就实现了,营收目标却总不见达成,并且看上去遥遥无期。这个段子其实也从另一个侧面反映出海思初期并未吃透半导体产业的人才规律,在招聘策略上走了些弯路。

不过所有的质疑都没能挡住海思继续向前的脚步。面对外界的纷扰评说,海思员工给出的答案一般都是:做得慢没关系,做得不好也没关系,只要有时间,海思总有出头的一天。事实证明,海思并未辜负任正非的鼎力支持。经过初期的试错、探索,在 2007 年前后,海思终于找到了属于自己的节奏。

通信基带：以自知求寸进

"高通的基带芯片供货又出问题了！"

"这么下去可不行，不行咱们自己做通信基带吧。"

如果把时间拉回到 2007 年前后，类似这样的对话恐怕在华为内部出现过不止一次。供货问题折射了下游生产商普遍的不安全感。从这个意义上说，华为与高通在芯片领域展开竞争几乎是一种必然。

最早，华为的数据通信基带例如 3G 上网卡等，用的都是高通的基带芯片。但后来随着华为的发展壮大，与高通的合作频受掣肘。高通选择优先供货中兴，对华为常常延迟发货或直接断货。这样的局面令华为倍感苦恼。于是在 2007 年，华为终于下定决心在海思成立巴龙(Balong)项目组，专攻通信基带自主研发。

通信基带的重要组成部分就是调制解调器。简单来说，通信基带之于手机就像眼、耳之于人一样，是一种与外部建立连接桥梁的核心部件。我们常用的接打电话、收发短信、传送网络数据等功能，都是由通信基带来负责的。

华为的老本行就是通信技术，技术经验丰富，在和通信行业有天然联系的通信基带芯片领域，华为拥有先天基因。可以这么说，从需求侧看，没有人比华为人更懂得通信基带需要些什么。

商业领域的竞争从来不是绝对公平的。所有参与者都明白：重要的不是我们想做什么，而是我们有什么，以及如何做才能改变现在的位置。荀子在《劝学》中说："假舟楫者，非能水也，而绝江河。君子生非异也,善假于物也。"①看清自己的位置,进而选择正确的切入点至关重要。

事实也证明,华为选择从通信基带芯片切入是明智的。以 3G 上网卡为例,海思之后先后携手沃达丰、德国电信、法国电信等全球顶级运营商,做到了与 3G 芯片老大高通平分市场份额的程度。

"(芯片)暂时没有用,也还是要继续做下去。一旦公司出现战略性的漏洞,我们不是几百亿美元的损失,而是几千亿美元的损失。我们公司积累了这么多的财富,这些财富可能就是因为那一个点,让别人卡住,最后死掉。……这是公司的战略旗帜,不能动掉。"任正非在谈到海思芯片起步阶段的策略时表明了坚定的态度:为了不受制于人,无论如何也得咬牙做下去。

不过另一方面,固执的华为同时又是开放和柔韧的。

它像尖毛草一样,一面清楚看到自己还需要积蓄力量、向下扎根,另一面也明白扎根的方向不能局限在自己下方一小块土壤上,而应向更远、更广大的区域拓展自己的根系。

任正非就曾明确表示,并不反对公司购买美国的高端芯片。"但除了使用之外,还要好好了解,搞清楚别人为什么能做出好芯片。如果有一天没有厂家为华为提供芯片了,就算海思的质量稍微差一点,也要凑合着能用。"

孜孜不倦地追求咫尺寸进,永远知道自己在哪里、将要去哪里,时刻准备着与趋势共舞,这些特质是海思最终能咸鱼翻身的重要原因。

---

① 借助舟船的人,并不善于游泳,却可以横渡江河。君子的本性跟一般人没什么不同,只是善于借助外物罢了。

吞不下就是毒药

在 IC 产业中,对不同层级的"局外人"来说,商业世界开始变得越来越抽象,越来越面目模糊了。如果说过去位于山巅的岩石还能感受到昼夜温差,那么现在,它们将只能捕捉到四季的迁徙。

随着科技发展和市场竞争不断加剧,移动产业上游的设计者必须拿出更加整体化的解决方案来博取客户的欢心。但在追求高性能、低成本的过程中,聚合趋势推进得愈加彻底,愈加导致弊端显现:位于产业下游的手机厂商在准入门槛降低的同时,其核心竞争力也在逐步减弱。

而另一方面,芯片产业规模增速惊人。据美国半导体产业协会公布,仅 2016 年 12 月 1 个月,全球集成电路销售额已达 310 亿美元,和 2015 年同期相比上扬 12.3%。2016 年全年集成电路销售额更是创下 3389 亿美元的新高。

蛋糕看上去相当诱人,可吞不下就毫无用处。自研移动芯片的风险在于,前期资金投入巨大,最后一旦规模上不去,巨额成本就难免打了水漂。可谓进亦忧、退亦忧。嗅觉敏锐的手机厂商们在多方权衡下,依然纷纷行动起来,将自研芯片纳入自己的发展蓝图之中。

国际方面,手机巨头三星、苹果最早拥有自主研发的移动芯片产品。

三星起势最早,它在 2011 年前就有自己的移动芯片,明星手机 Galaxy S 系列、Note 系列等均采用自家芯片。甚至连苹果 iPhone 前三代产品,采用的都是三星芯片。实际上,自 2013 年起,三星手机销量开始出现下滑,但它的 Exynos 芯片和半导体制造业务利润却在持续上升。芯片业务布局有效扭转了三星整体的下滑趋势。如今,三星服务器芯片业务利润更成为其主要利润来源,占净利润的一半左右。

不甘示弱的苹果也在 2008 年收购了一家小型无晶圆厂半导体公司 P.A. Semi,释放出自研芯片的讯号。随后,它在 2010 年收购了芯片制造商 Intrinisty,苹果终于推出了自己的第一款处理器——A4,并将其植入 iPhone 4 中。业界对 A 系列芯片的关注度丝毫不亚于 iPhone 的新品发布,而有了成熟的芯片研发体系后,苹果的封闭系统也变得更加牢固。

再看国内。在资金和人力投入上,华为从不手软。任正非曾对海思芯片研发负责人说,"我给你每年 4 亿美元的研发费用,给你 2 万人,一定要站立起来,适当减少对美国的依赖。"但仅从资本投入层面上看,并不能解释为什么只有海思能够杀出重围。毕竟,国内的中兴、大唐、海尔、联想等整机厂商也都曾斥巨资涉足移动芯片领域,但最终也没能从这个大蛋糕中分得一块。

那么,为什么是华为?海思到底做对了些什么?

笑谈凭尔去,风云麒麟出

华为芯片一次次的研发改变,都是围绕用户需求而进行的。用户不喜欢发烫的手机,海思就研究解决过热问题;用户喜欢快速联网不卡机,海思就不断超越,以极速为目标;用户需要更好的拍照体验,海思就研发更强大的拍照性能……

2016 年,当华为 P9 带着麒麟 955 芯片出现时,海思芯片已摆脱了高能耗、联网慢、超发热等问题，而换上了快速、流畅、低能耗等新标签。

用户体验调查显示，P9能够非常流畅地播放高清网络视频，在拖动进度条进行播放时，不仅响应速度快，还可以准确定位时间，不会出现卡顿等情况。如果要玩手机游戏，P9也能为用户提供满意的游戏速度和画面质量，而且不会产生太大的热量。

仅2年时间，海思麒麟就扭转了K3V2的败局，完成了革命性的创新突破，高中低端的格局也初步成形。在中低端芯片领域，麒麟620、310、650，比肩高通、MTK；在高端芯片领域，从麒麟910、920、930的能用、好用，到麒麟950、955、960的惊艳表现，这中间发生了太多的变化。

4G时代，一芯多用

问：把大象放进冰箱总共需要几步？

答：共三步。一打开冰箱，二把大象放进去，三关上冰箱门。

这是网络上广为流传的一则段子。细想一下，它又何尝不是很多战略激进者的惯性思维模型呢？我们常常只看到事情的起点和终点，关注开始和结果，却总是低估过程中的复杂度和不确定性。

2010年，美国、北欧等地区宣布进入4G时代。如果说3G时代的海思只是挣扎着向下扎根的话，这次技术变迁真正把海思带进了根系激增的雨季。

相比3G，4G除了带来更快的速度外，还暴露出一个新问题：4G频段特别复杂，被纳入国际标准的就有40多个频段。当时有强大市场优势的芯片霸主高通正专注于美国本土市场，无暇顾及欧洲。欧洲运营商们亟须符合要求的4G终端芯片填补技术缺口。

而此时海思在 Balong 项目上投入 3 年的成果初现。2010 年年初,海思发布了业界首款支持 TD-LTE 的 4G 终端芯片 Balong 700。5 月,TD-LTE CPE 正式亮相上海世博会,成为全球首个商用 TD-LTE 网络。7 月,海思参加德国 TOM 认证,正式进入商用终端领域。此外,欧洲运营商在推进 4G 的过程中遇到了非常多的问题。而华为测试环境齐全、技术成熟,是少有的能实现从设备到终端芯片端到端覆盖的厂商,正是解决这些问题的不二之选。

终于等到雨季来临,海思当然紧紧抓住了这次机会。它顺势推出上网卡、家庭无线网关等一系列终端设备,全面满足了欧洲商用领域的需求。

经此一役,海思对自身的通信优势有了更笃定的信心。事实上,在 2012 年的巴塞罗那 MWC 上,海思除了发布四核处理器 K3V2 外还发布了业界首款支持 3GPP Release 9 和 LTE Cat4 的多模 LTE 终端芯片 Balong 710,这款芯片下行速率达到 150 Mbps,支持五模及国际通用频段。当时,一位长期分析各公司半导体芯片的技术人员曾吃惊地叹道:"能提供完成度如此高的芯片组的,基本上只有高通、MTK 和展讯通信。"

从 2004 年海思成立算起,到 2012 年 K3V2 高调入主手机智能终端,仔细回顾海思长达 8 年的根系经营期,我们发现了一些可能的启示。对"为什么是华为"而不是国内其他芯片厂商拔得头筹的问题,也有了更为清晰的看法。

其一,华为人一贯执着、狼性的拼搏精神是海思能脱颖而出的基础。尖毛草的"倒生长模式"听上去简单,可真要耐着性子、不见成效地熬过漫长的岁月却是极难的。

其二,华为坚持从"能力"而非"产出"的角度评估海思。在产品设计上，也更多从构建"芯能力"的角度去思考产品，而不仅仅从"移动芯片"的范畴去思考。这让海思在具备广阔国际视野的同时，在设计兼容性方面也大大超越了同类产品。

当然，凡事必有利弊两面。从实际应用即产出层面上来说，海思K3V2是顶着巨大压力亮相巴展的。此前，无论是监控器还是上网卡等产品，普通购买者往往不会关心它们用了什么芯片。但智能手机不一样，有相当比例的购机用户会关注智能手机的芯片，尤其看重芯片对手机流畅度的支持。

这意味着未经商用的K3V2刚抽出幼苗就被推到聚光灯下，它走的每一步，人们都瞧得一清二楚。

"自己生产的降落伞自己先跳"

2012年第一季度，中国首次超越美国成为全球最大智能手机市场，对海思来说，国内雨季正式到来。

先看一组有趣的数据：

2012年2月，华为在巴塞罗那推出定位高端的D系列，搭载海思K3V2横空出世；

2013年2月，Ascend P2发布，依然搭载海思K3V2；

2013年3月，大屏系列Mate问世，继续搭载海思K3V2；

2013年6月，被称作"转型之作"的P6发布，仍然搭载海思K3V2；

……

也就是说，直到2014年年初麒麟出山，在长达2年的时间里，华为在自己多款中高端机型上选用了海思K3V2作为核心处理器。这是一个相当大胆的决定。一旦初出江湖的K3V2遭遇差评，连带华为终端的品牌也将受到影响。当时很多人都表示看不懂华为的选择。

　　想看懂 K3V2 时期的华为终端,还得从《华为基本法》第二十三条说起。该法则这样写道:我们坚持"压强原则",在成功关键因素和选定的战略生长点上,以超过主要竞争对手的强度配置资源,要么不做,要做,就极大地集中人力、物力和财力,实现重点突破。

　　任正非常说"自己的狗食自己先吃""自己生产的降落伞自己先跳"。华为大胆将海思用到自己的中高端产品上正是源于压强原则:影响移动芯片成功的关键因素除了技术实力外,就是对用户真实需求的了解。海思芯片已有多年的技术储备,当时最欠缺的反而是直面用户需求、进而转化成特定设计方案的能力。一方面,移动芯片研发必须基于用户,为消费者找到问题、解决问题,才能持续进步;另一方面,研发团队只有在直面用户的过程中才能形成正反馈,培育面对消费者市场的超强战斗力。

　　华为向来以"狼性"企业文化著称,但无论狼性还是韧性都不是表面上吼一吼就能拥有的。与公司的倡导相比,更重要的是企业中每个成员内心深处的看法,企业文化需要内在的价值观做支撑。海思能硬生生扛过 2 年的争议期,说到底还是因为华为人对科学研究有正确的认识,对失败有着完全不同的看法。

　　任正非一再讲:"我们以后都是这样的一个管理原则:成功,则贴大牌牌;失败,也拿萝卜做个牌牌。探索本身就没有失败这个问题,因为你们是在走前人没有走过的路,你怎么知道哪条路是对的呢?不要总认为我们做这个事情是失败了,什么叫成功失败?你走了此路发觉不通,你告诉你的同志这条路走不通,咱们换条路走,那也是成功。"在科学探索的过程中,失败的概率一定大于成功,可如果不去尝试,路是必定走不通的。

　　因此,尽管对手们动作频频,海思能做的只是埋头改进,在高压下继续闷头前行。

而与此同时，华为虽对内施压，对外却保持着极为开放的态度。

2012 年 9 月，在《华为"诺亚方舟实验室"科学家的会谈纪要》中，任正非回答了华为"诺亚方舟实验室"研究人员的 16 个问题，其中，对芯片使用的问题任正非提出：华为是一个开放的体系，除了使用自主研发的芯片外，还是要用供应商的芯片，主要还是和供应商合作，甚至优先使用它们的芯片。华为的高端芯片主要是用于容灾，不能形成封闭系统，如果技术系统封闭了，那一定是要死亡的。在自主芯片和其他芯片的使用上，不能一边倒，而是要科学合理地去平衡两边。

任正非一直很重视回归事情本质看问题，对别人硬贴上来的标签保持着相当程度的警惕——即使这些标签看起来是正面的，他也一视同仁，就事论事。在谈及芯片应用时，他反问道："我们为什么要排外？我们能什么都做得比别人好吗？为什么一定要自主，自主就是封建的闭关自守，我们反对自主。"

"我们在创新的过程中强调，只做有优势的部分，别的部分应该更多的加强开放与合作，只有这样我们才可能构建真正的战略力量。我们非常支持异军突起，但要在公司的主航道上才好。我们一定要建立一个开放的体系，特别是硬件体系更要开放。不开放就是死亡，如果我们不向美国人民学习他们的伟大，就永远战胜不了美国。"

从任正非的一席话，我们不难看出华为在芯片业务上"双管齐下"的策略：一方面，提倡积极开放，发挥自身优势，在合作中学习进步；另一方面，以压强原则加强技术研发，培养华为自己的芯片专家，锻炼出强悍的 2C 队伍，从而在产品核心技术上取得突破，撑起华为终端的未来。

麒麟出山

2013 年 9 月 21 日,余承东在微博上透露了华为下一代手机处理器的消息:海思新 28 纳米 HPM(High Performance for Mobile,移动高能低功耗,简称 HPM)工艺的最新高端四核手机芯片,性能提升50%～80%(处理速度、稳定性等要素均有提升),而综合功耗却降低50%。消息放出后,网友们大呼这一天等了太久,列队欢送"万年K3V2"。

华为 Ascend P6 S 带着全新芯片麒麟 910 问世,宣告了 K3V2 时代的终结。同时,一个全新升级的"芯"品牌诞生了。

海思将新诞生的芯片品牌命名为"麒麟"(Kirin)。

有人认为"麒麟"象征着中国力量的崛起,有与高通"骁龙"(Snapdragon)品牌一争高下的含义。麒麟本是中国传统瑞兽,《礼记·礼运第九》有云:"麟、凤、龟、龙,谓之四灵。"古人认为,麒麟地位不低于龙,其出没处必有祥瑞。另一种看法则认为麒麟性情温和,寓意着与骁龙的突出性能相比,麒麟芯片更注重性能与功耗的平衡。

初生的麒麟在产品策略上确实和高通骁龙有些差异。我们知道,很多人谈到芯片就会关注到"谁跑分更快"的问题。可事实上,从实际使用体验出发,手机核心处理器不仅仅要比拼"快"——也就是性能,也应当关注"发热、续航力"——也就是功耗。没有良好功耗做支撑,性能跑分再高也是外强中干。

虽然性能与功耗并不绝对互斥,但不同的设计方案总有自身的倾向性。芯片选择什么样的核心架构、采用什么样的制程工艺,都将左右性能与功耗的天平。

2014 年 5 月,搭载麒麟 910T 的 P7 亮相巴黎。P7 倡导性能和功

耗的平衡，具有卓越的能效比。制程工艺方面，它采用的 28 纳米
HPM 工艺带来了 30％的能效比提升；单 SoC 智能手机解决方案带
来 10％的能效比提升。P7 的低功耗控制单元超级省电，确保了有多
应用运行手机也不会发烫。不过，P7 最大亮点依然在网络支持方
面。麒麟 910T 做到了完美支持 CSFB、SGLTE/SVLTE、VoLTE/
eSRVCC 等各种 LTE 通信模式下的语音解决方案。

达尔文早在《进化论》中指出："不是最强的物种存活下来，也不
是最聪明的物种存活下来，而是最能适应的物种存活下来。"同样的，
产品设计也是一个寻找生路的过程。如果一个产品能最大限度兼容
环境的变化，它就会比其他产品获得更多存活的可能。而另一方面，
环境的复杂性也在反向刺激、作用于产品。在越复杂、越困难的环境
中，反而容易演化出越具有生命力的产品。

从这个层面来看，麒麟也是个幸运儿。因为——世界上最复杂
的通信环境在中国。

在中国电信版的 P7 发布会上，曾有华为高管明确表示："中国移
动的 TD-SCDMA 是只有中国才有的 3G 网络；从中国电信 CDMA 到
TD-LTE 的演进是中国仅有的，这些海思都做到了。"麒麟 910T 拥有
高达 150Mbps 的 4G 下载速率，支持五模通信制式及全球标准频段
范围(700Mhz～2.6GHz)，拥有完整的 HIRF 2.0 解决方案，在世界的
每个有运营商覆盖的角落都可以获得强劲的信号。

可以说，正是复杂和极端的环境造就了麒麟超强的网络兼容性，
而麒麟 910T 则是重新定义了网络连接。麒麟研发团队面向复杂的
网络环境思考解决方案，在这样"被逼迫"的压力下，才设计出了麒麟
910T 这样超强兼容的产品。

不过严格来说，麒麟 910T 虽有其通信侧的优势，但与当时市场

主流的旗舰产品相比,还有比较明显的差距。发布后业界评论反馈也呈两极化,910T成为一款颇具争议的产品。

用芯片掌握命运

"我认为要尽可能地用美国的高端芯片,好好地理解它。当美国生产的芯片不卖给华为的时候,华为可以大量用自己的芯片。尽管华为的芯片稍微差一点,但能凑合用上去。"对于海思芯片的定位,任正非明确表示"不能让人断了我们的粮食",为了不受制于人,华为就算几十年不用海思芯片,也要坚持研发。

只有自主研发,才有可能掌握主动权,改变游戏规则,华为深谙这一点。在海思芯片的助力下,华为的智能手机可以不依赖任何芯片厂商,能够自主设计规划,新品发布不会受到芯片供应商的牵制,甚至可以成为先行者,在关键时刻抢夺时间窗口。

海思芯片的战略意义,一是华为终端通过芯片掌握了自己的命运,二是华为能够制定游戏规则。当国内所有手机品牌都在等着国外的芯片供给时,华为能够做到自给自足,不依附于旁人,也不会被别人限制。

高处不胜寒

巴菲特有句名言说:"在别人恐惧时我贪婪,在别人贪婪时我恐惧。"2015年的华为海思向世人证明了华为人骨子里有着与顶级投资人相当的理智与冷静。

在920斩获的阶段性成果面前，很多人都认为麒麟理应表现得更自信、更激进。毕竟，经过漫长的扎根，麒麟已基本具备叫板竞争对手的实力。为何不趁着这长势喜人的雨季，百尺竿头、更进一步呢？

可华为的选择恰恰相反。麒麟930没有"乘胜追击"，推出任何噱头技术，只是脚踏实地地做好了几个用户关注的细节。

细节一：运用4G MSA（Multi-Scenario Adaptive）技术进一步提升4G网络体验并进行了大规模的实地测试。4G MSA技术基于麒麟Modem的ASIC架构，搭载先进接收机处理算法，主要针对高速驻留、智能搜网、频率跟踪、智能天线、邻区识别、运动估计和信号干扰等场景进行性能优化。为了确保实际优化效果，麒麟团队在全球150多个国家、300多个运营商处完成了准入测试。在国内进行了大量4G测试——跨越全国36个城市，覆盖11条高铁线路、180多条测试路线，总里程超10万公里，一线城市每周回访至少一次。

其中，以智能天线为例，麒麟采用智能天线切换技术TAS（Transmit Antenna Switch，传输天线切换，简称TAS）帮助手机判断用户握持手机的姿态，实时进行天线切换调整，确保手机任何时刻都能够在一根信号质量最好的天线上提供服务。运用这一技术，天线切换速度平均比其他方案快80倍，有效保证了用户体验的连续性，在弱信号场景网络下，麒麟芯片时延也比其他方案强40％。

细节二：内置芯片级安全解决方案。基于ARM TrustZone的硬件安全隔离技术，搭载自主开发的可信安全操作系统，内置加密算法，实现运算和信息存储的安全，可以更好地保护用户短信、图片、文件等隐私信息。如此高的安全级别能够有效保护用户的信息与支付安全。

细节三：CPU 选择了性能和功耗均衡的 A53 架构，并实现了基于场景的精细化功耗管理。应用自主研发的 IPPS(Intelligent Power Performance Scaling,智能电源性能扩展,简称 IPPS)3.0 低功耗技术对各种用户场景进行细分，在不同工作场景分别进行功耗预算设计，保证每个部件在特定场景下功耗最小化。

通过一系列由用户需求驱动的优化调整，麒麟 930 迈出了坚实的一步。

这一年,任正非在变革战略预备队第三期誓师典礼上的讲话体现了当时的芯片研发思路:"现在我们是两个轮子在创新,一个是科学家的创新,他们关注技术,愿意怎么想就怎么想,但是他们不能左右应用。技术是否要投入使用,什么时候投入使用,我们要靠另一个轮子 Marketing(市场营销)。Marketing 不断地在听客户的声音,包括今天的需求,明天的需求,未来战略的需求,这样才能确定我们掌握的技术该怎么用,以及投入市场的准确时间。"

海思所有设计都基于对当时用户的理解,绝不盲目创新,匆忙跑在前头。事实上,当时海思发布的 Balong 750 上下行速度已经超越了高通当时最新的 MDM9x45,后者仅支持到 LTE Cat10,下载速度 450Mbps,上传速度 100Mbps。但麒麟 950 依然没有立即选用该款基带芯片,只用了 Balong 720,这再次出乎很多人的预料。

麒麟的冷静并不是毫无缘由的,芯片领域竞争十分激烈,一着不慎就会引发连锁反应,导致最终满盘皆输。华为的选择源自它从历史中、从竞争对手身上吸取的教训。

不变的只有变化

纵观智能手机发展史,很多曾经站在顶峰的芯片供应商,比如德州仪器、意法半导体、爱立信、博通、飞思卡尔等等,在移动芯片的战场中没能大放异彩,最终都没能顶住竞争,不得不黯然离场。

　　甚至是一代 PC(Personal Computer,个人电脑,简称 PC)芯片之王英特尔,也没能在移动芯片的战场中夺得胜利。一方面,英特尔错过了最佳入市机会,等意识到之后,ARM、高通等对手已经抢占先机;另一方面,英特尔低估了移动市场的发展潜力,以至于沉浸在 PC 市场的喜悦中,忽略了对新机遇的预判,既没有提前布局,也没能找到合适的合作伙伴。

　　任正非曾谈起对英特尔的看法,他认为,网络标准的发展是从简单到复杂,随着技术进步,标准又会变得越来越简单。在这个交替过程中,很容易产生"黑天鹅"。英特尔之所以没能在移动芯片领域取得成功,可能是它对通信标准理解不够。

　　"其他公司想进入这个领域,一定要对网络标准有非常深刻的理解。诺基亚和微软的合作为什么没有成功?诺基亚太自信,认为一定要用 Windows 才会成功。此一时,彼一时,世事很难料定。现在不敢断言英特尔移动芯片业务一定失败了,因为没人说得清楚未来手机是什么样子。所以我们一定要开放。"

　　根据 2015 年全球 IC 设计公司排名,海思以 38.3 亿美元的营收位列全球第 6 位。而在 2 年前,海思的排名尚在 10 名之外。在外人眼里,海思芯片已是华为手机终端的避风港,使其避开了芯片缺货、高价采购等风险,做到了自立自强。然而,别人眼里安逸的避风港,并不是突然降临的,而是华为终端未雨绸缪,在变化中进步,花费了时间和金钱提前布局得来的。每一幅风平浪静的幸福画面,都来之不易。

　　如果没有持续的变化,海思芯片或许也已经离开了舞台。

华为文化一向强调变化,只有在变化的过程中才会有压力,从而产生前进的动力。任正非常引用古希腊哲学家赫拉克利特的一句名言,人不能两次踏进同一条河,叮嘱员工不能用静止的观点去看待事情,要学会动态分析和处理,用发展的眼光看待问题。在企业发展过程中,唯一不变的就是变化。无论是一个企业,还是一个人,只有不断地跟随世界的变化而变化,才不会被淘汰,才能够长久生存下来。

正因如此,华为抓住了变化中的移动终端机遇,也能够从动态的角度分析他人的发展轨迹。这种拥抱变化的强烈愿望,则源自华为的危机意识。

另一个芯片市场

2017年第二季度,三星电子的半导体部门以158亿美元的收入超越英特尔,夺得全球芯片霸主的位置。但只要细看数据就会发现,三星利润增长的主要因素源于它的存储芯片业务。三星凭借它在另一个芯片领域的布局领跑全球。

我们前面一直在强调移动芯片,其实手机中还需要存储数据的存储芯片。过去由于处理器等逻辑电路占据重要位置,所以我们通常说起移动芯片就是指手机的中央处理器。但随着市场的变化,数据和需求也在不断发生着变化。存储芯片的市场容量正在迅速增长,重要性日益凸显。据IC Insights(国外知名调研机构)公司的数据,2016年逻辑电路市场容量为883亿美元,存储芯片市场容量为743亿美元,后者只比前者少16%。

而在中央处理器市场上,三星和海思的发展策略颇有相似之处——主要应用于自家生产的智能手机。这种相对封闭的选择看上去损失了很多获取利润的渠道,但从另一个角度看却是明智的。这一点在高通近年的战略发展上可见端倪：高通作为所有终端厂商的供货商，承担了巨大的风险和责任，一旦竞争对手调整打法，它为了兼容变化，策略上势必大受掣肘。

因此从某种意义上说，有存储芯片撑腰的三星必将是海思未来最强大的对手之一。相似的策略选择让它们的步幅和打法都靠得更近，未来如何龙争虎斗，还得在物联网时代见真章了。

风物长宜放眼量

想象这样一个画面：某天你从睡梦中醒来，智能闹钟从你的日常作息和呼吸频次中已提前感知到这点，于是它遥控窗帘缓缓拉开调节室内光线。紧接着，你的早餐被自动准备好，工作笔记发出声音提醒你要记得带上它。出门后，无人驾驶的汽车缓缓驶近你，一路上你通过车内屏幕浏览新闻，途经购物中心时随手为自己添置了几件应季单品。

上面描述的已经不是遥不可及的科幻世界。随着越来越多的生活品类通过芯片方式接入互联网，万物互联已经从科学家的构想中来到我们身边。不过物联网生态链极为庞杂，包括连接的标准、芯片的传感器、安全、行业应用平台等，几乎没有一家公司可以把所有生态链完全覆盖。芯片是物联网最重要的组成部分之一，但不可能依靠一款芯片覆盖不断扩大的市场和应用需求。市场上有安全芯片、移动支付芯片、通信射频芯片和身份识别类芯片等，这些领域的物联网芯片需求规模巨大。

尖毛草的"倒生长模式"具体到企业经营领域是指：在成长初期打好基础，积蓄力量，在聚焦业务发展的同时，关注内部管理，优化组织，搭建平台，梳理流程，构建队伍，构筑文化；关注外部机会，但不做机会主义者;关注短期利益,但不因短期利益而牺牲长期的发展。如今,海思已真正进入向上飙升的成长期。如果要讲华为的未来,一定离不开芯片,这里暗藏着无限的想象。只有放开眼界,才有可能在这片海洋中畅游。

海思下一目标全力瞄准物联网,早在 2014 年就率先投入 NB-IoT①芯片研发,2016 年便成立了 NB-IoT 开放实验室,并推出国内第一款正式商用的 NB-IoT 芯片。同时,海思也全力部署智能城市 NB-IoT 应用,从芯片到模块与系统的应用整合,全力跨入智能城市物联网应用领域。

与此同时,海思与 ofo、摩拜单车企业展开合作,欲全面拿下中国单车物联网芯片市场。2017 年 6 月,ofo 宣布,将在单车上安装华为研发的 NB-IoT 芯片及设备以接入电信网络。目前,海思的产品已覆盖无线网络、固定网络、数字媒体等领域,成功应用在全球 100 多个国家和地区;在数字媒体领域,推出了 SoC 网络监控芯片及解决方案、可视电话芯片及解决方案和 IPTV 芯片及解决方案。

在互联网中,"梅特卡夫定律"与半导体领域的"摩尔定律"一样被人视为金科玉律。"梅特卡夫定律"是一种网络技术发展规律,其内容是:网络的价值等于网络节点数的平方,网络的价值与联网的用户数的平方成正比。

也就是说,网络的有用性(价值)随着用户数量的平方数增加而增加。再换句话说,某种网络,比如电话的价值随着用户数量的增加而增加。在物联网领域,也是同样的道理,未来仍要靠更多生态链内

---

① NB-IoT,Narrow Band Internet of Things,意为"窄带物联网",是一种新兴的物联网技术,具有低功耗、连接稳定、成本低等特点。华为是国内研发 NB-IoT 技术的领军企业。

的厂家的协作,才能实现网络的真正价值。在这个方面,海思有极大的优势：一方面,网络实力强大——搭乘着华为这一艘超级"航母",还有电信运营商伙伴架构做支撑；另一方面,手机等物联网终端产品能够引入大量用户。这让人们有理由相信,作为终端和网络的连接器,芯片将开启物联网世界的大门。

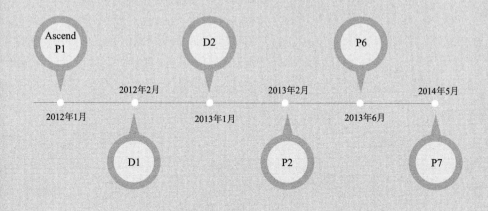

第八章

站在未来看未来

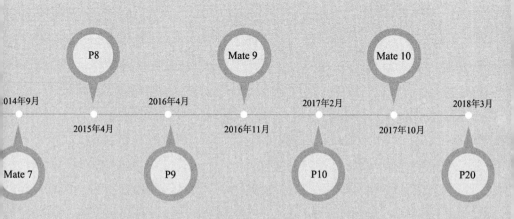

"利用4~5年时间,在全球市场超过苹果、三星,成为全球第一。"2016年,余承东第一次明确了华为赶超苹果的"时间表"。任正非则提出,终端要实现5年内超越1000亿美元的年销售收入。这意味着,未来5年中,华为终端每年增长幅度需持续超过30%。

　　随着智能时代的来临,华为终端已经开始发力平板电脑、穿戴设备以及虚拟现实业务等新领域。未来,只有用开放、合作、共赢的心态去拥抱变化,集百家之所长,融百家之所思,才能够构建适宜自身发展壮大的生态系统。

开启智慧手机大门

　　从德国发布会之后,我就一直尝试通过各种渠道预订摩卡金6G+128G内存的Mate 9。先是在华为商城无休止地排队,终于轮到我了,却没有了我要的款式。耐心等待数天,了解到体验店里可以预订,于是火速冲到静安寺对面的体验店里付了999元预订金。后来体验店打电话给我说对不起,第一批轮不到我。我预订号是50出头,也就是说第一批货在静安寺这样的店都不到 50 台！这时我突然发现,京东有这款手机的独家首发,毫不犹豫付了 999 元预订金。在抢购当天,我以最快的速度付掉尾款,订单状态却是耐心等待,还要跟供货商采购！一直到今天,京东的回复还是等待,实体店的回复还是没货,我甚至今天下班专程跑过去当面问过销售是否有货……

这是一位花粉在花粉俱乐部的心酸留言,记录了苦等 Mate 9 的曲折历程。

有曜石黑、香槟金、摩卡金、陶瓷白、月光银、苍穹灰六种颜色可选,徕卡双摄像头,大屏幕,长续航……2016 年 11 月 3 日,华为 Mate 9 在 P9 发布近 7 个月后如期而至,掀起了 2016 年第四季度的销售热潮,尤其曜石黑版本,上市后就处于脱销状态。

新一代 Mate 在惯有特点方面继续发力,比如,电池容量 4000 毫安,配备全新的 Super Charge 快充功能,充满手机只需 90 分钟,在快充模式下,温度控制合理。此外,在新的省电技术加持下,Mate 9 在普通用户手中能使用 2.4 天,重度用户使用 1.7 天。Mate 9 的应用开启速度超过了其他手机,而且能够保持新机流畅度。

用户的体验报告称:"指纹解锁太快了,只需要用类似敲击键盘的速度去敲一下指纹,解锁就达成了,让我怀疑这指纹是假的……"

Mate 9 最大的亮点,是引入了机器学习(Machine Learning)技术。机器学习技术可以分析用户的用机习惯,从而自动优化用户体验,根据用户的使用方式来合理分配性能资源,提升系统流畅度。

简单来说,机器学习就是让机器学习人的思维的过程,让机器学会人类识别事物的方法。通过技术,机器从事物中了解到的东西,能够和人了解的一样,这就是机器学习的过程。华为诺亚方舟实验室科学家感叹:"机器学习很难,非常难,要做到完全了解算法的流程、特点、实现方法,并在正确的数据面前选择正确的方法再进行优化得到最优效果,没有个八年十年的刻苦钻研是不可能实现的。"

的确,从目前的发展情况来看,机器要达到完全类人,还需要不短的时间。但即便如此,与人的思维差别很大的机器依然可以为人类的生活带来帮助。比如,我们常用的在线翻译、搜索系统等,都是机器学习的产物。

伴随 Mate 9 首发的,还有华为最新的麒麟 960 芯片和 EMUI 5.0 系统。相较于 P9 装载的麒麟 955 芯片,麒麟 960 又在性能、拍照、续航、音频、通信、安全可信等方面实现了新的突破,成为当时世界上运行速度最快的芯片。

业内人士评论称,如果说麒麟 920 和麒麟 950 只是优秀的跟随者,或者说是个别关键方面的单项冠军的话,那么麒麟 960 则是华为第一个全面达到业界一流水准的芯片,在多个方面拥有自己的独特优势,可以和三星、高通甚至是苹果的旗舰芯片较量。

过去几年,华为麒麟芯片的路越走越顺利,除了技术越来越成熟之外,更重要的是芯片研发和终端部门一起,共同关注消费者的真正需求,研究消费者真正需要的产品。在这一方面,华为和高通等芯片供应商相比,拥有直达消费者的优势。

华为麒麟芯片尽管是技术产品,但其坚持的宗旨是以客户为中心,直接为客户服务。一枚枚小小的芯片,看起来不起眼,永远躺在手里壳里面,却是和消费者连接最关键的通道。不管是现在还是将来,华为手机的成败都取决于消费者,而不是竞争对手或者其他。一家企业,如果忽视了客户,那么离死亡也就不远了。搞清楚自己的客户是谁,这一点很重要。

再看 Mate 9 承载的 EMUI 5.0 系统,华为对此前的版本进行了精简,绝大部分操作只需要 3 步就可完成。同时,华为还为其加入了许多个性化功能,用户可以按照自己的喜好对系统进行调整。此外,Mate 9 支持多账户登录,每个账户都能单独设定指纹。这样一来,在社交平台上拥有多个小号的用户就不用通过频繁"退出"—"登录"来切换了。

仔细观察可以看到,华为手机正在从智能时代朝智慧时代发展。未来,华为手机会越来越懂得用户,知道用户真正的所思所想,甚至比用户还了解自己。

紧随 Mate 9 之后发布的荣耀 Magic,被称为"未来的手机"。这款产品首次采用智能系统,实现了手机从被动交互到主动交互的升级。

如果用户在聊天时提到了"电影",荣耀 Magic 会主动即时推荐近期热映的大片和购票途径;当用户网购了电影票,并到达电影院的时候,荣耀 Magic 能识别出影院位置,自动弹出取票码;当它感知到用户开车出行时,将切换为驾驶模式,自动导航至目的地。

此外,荣耀 Magic 还有智慧输入、快递追踪、智能比价等等主动交互的未来元素。它会学习用户的行为,变得越来越聪明,为用户提供真正需要的贴心服务。这是华为在智能时代的一次全新尝试,展露了华为拥抱未来的热忱之心。

当然,仅仅通过一部手机,无法完全满足消费者在智慧时代的需求。因此,华为早早杀入了穿戴设备领域,打开了一个个新入口。

余承东认为："伴随着大数据和云时代的到来,智能手表、智能手环等可穿戴设备与手机、平板、车载智能设备等无缝融合,正在为消费者创造出全新的智能生活图景。同时可穿戴设备之间并不是单一孤立的,它们将协同为消费者提供全方位的智能解决方案,可穿戴设备将是智能端产业未来最重要的发展趋势,华为消费者业务的目标是成为可穿戴设备领域的领军企业。"

2016 年 1 月举行的 CES 吸引了全球无数眼球。在美国拉斯维加斯的展馆内,汽车科技、家电家居、移动穿戴设备等领域的"神器"纷纷登场,既有载人飞行器、量子点电视、超级汽车,又有 VR(Virtual Reality,虚拟现实,简称 VR)穿戴设备、小型机器人等,这些代表最前沿科技的产品,令人眼花缭乱。

华为在此次展会上推出了 HUAWEI WATCH 优雅版和珠宝版,镶有施华洛世奇水晶的外观,十分夺目。实际上,早在 2015 年,华为的第一款 HUAWEI WATCH 就在世界移动通信大会上首次亮相,后来和华为 Mate 8 一起在全球正式发布。此外,华为还发布了智能手环和智能音乐运动耳机,联合一体为消费者创造智慧时代的体验。

站在智慧时代的风口,华为反应迅速。在手机和穿戴设备的帮助下,华为和消费者的距离再次拉近,接触的机会也越来越多。不过,这只是市场现象,其背后则是华为整体布局的体现。智能手机时代快速发展至今,即将遇到瓶颈,不论是技术方面还是市场热度,都会遭遇疲软。

这时候,华为面对未来,需要如何改变? 答案很明确,只有不断求变,比别人快半步,才能为自己赢得更多的底气。从智能手机时代转变到智慧时代,这是华为终端必需的选择。

5G 时代，谁领风骚？

谷歌是一家有趣的公司,从成立至今,这家公司一直在探索前沿科技,拥有无人驾驶汽车、无人机、机器人,还有人工智能 AlphaGo 和谷歌眼镜等声誉响彻全球的科技发明。当 AlphaGo 打败了世界围棋冠军李世石,当越来越多人戴着谷歌眼镜打电话时,每个人都能感受到,新的科技时代到来了。

有人说接下来是 5G 时代,有人说是人工智能时代,有人说是 VR 时代……其实,不论冠之以何种名字,都是在认识和拥抱这个新的时代。2016 年前后,国内一批领头的互联网企业,比如阿里巴巴、百度、腾讯,以及国外的一批科技企业,比如 Facebook,都相继宣布进入 VR 领域。其中,Facebook 明确表示,未来将重点开发的三大领域包括互联互通、人工智能、虚拟现实和增强现实,并且很快推出了重量级的产品,朝着推动社交 VR 化等方向努力。

国内外的市场气氛都如此热烈,华为也不会只在旁边静静围观,2016 年 11 月发布的 Mate 9 手机,能够支持谷歌的虚拟现实设备谷歌 Daydream,这是继谷歌 Pixel 型号手机支持 Daydream 平台之外的第二款手机,也是国内第一款支持 Daydream 的手机。

当然,华为所做的不仅仅是在手机上加入 VR 功能。任正非认为,未来二三十年,人类社会要进入智能社会,这是一个客观规律,谁也无法阻挡,要看到人工智能对社会产生的积极正面作用。华为要有战略自信,勇敢地去拥抱挑战。管道扩大和流量增大为华为创造了巨大机会,建立了信心。

2016 年 8 月 10 日,任正非在诺亚方舟实验室召开了一次座谈会,为华为发展人工智能指明方向。诺亚方舟实验室成立于 2012 年,任正非认为,未来的信息爆炸会像数字洪水一样,在遇到生存危机的时候,华为应该能够像好莱坞关于世界末日的灾难大片《2012》所演的那样,造出一艘诺亚方舟自救,并带领华为走向新的明天。在这样的考虑下,2012 诺亚方舟实验室诞生了,成为华为在深圳、香港两地设立的研究机构,主要从事人工智能、数据挖掘领域的基础创新研究工作。

在座谈会中,任正非解释了华为研究人工智能的原因,在网络建设和服务过程中,网络变得越来越复杂,而一个人的学习时间从小学后开始算,平均也就 60 年左右,但人工智能可以到 5000 岁。5000 年后的网络靠人还维护得了吗？这需要靠人工智能。因此,对于越来越庞大、越来越复杂的网络,人工智能是管理网络的最重要的工具之一。因此,对于华为来说,发展人工智能与发展主航道是同等重要的。

霍金(Hawking)和比尔·盖茨(Bill Gates)都曾说过,人类创造的新人类有可能取代真人类,这是比较负面的观点。而实际上这个过程中有很多积极力量。任正非预测,将来新人类可以 1 秒钟读完莎士比亚,2 秒钟把美国图书馆的书读完,3 秒钟学完几百种语言……生存 80 年的真人可能会死亡,但是新人类可以把灵魂和躯体相分离,把"灵魂"放在数据库,重新换一个机器躯体,就变成拥有 80 岁智慧的 20 岁小姑娘;再过 80 年,它会变成拥有 160 岁智慧的 20 岁小姑娘……再接下来,它可能还会拥有千年的智慧。

这些都是人工智能可能实现的积极表现。具体到华为,人工智能能够减轻人工压力,在庞大的网络中发挥高效管理的作用。未来,专家只需要聚焦解决最关键的 10% 的问题。一部分简单的问题,比如故障诊断、处理、维护等等,都可以采用智能实施。由此精简减下来的编制,可以全部让人工智能研究部门用来招聘科学家。

比如,华为在罗马尼亚的基站出现问题,以后不一定要派人去罗马尼亚解决。当地发生的问题,经过全世界数据的自我学习以后,系统自己就可以调整解决,再把结果上报。华为通过专家分析和训练,矫正机器算法的错误,在处理问题中提升算法的正确性,最重要的是让机器有学习能力,而不仅是人有学习能力。

总体来说,人工智能在网络中的应用有三方面,一是对网络故障的诊断分析,二是对网规网优(网络优化)的指引,三是做好技术资料的翻译。三大任务清晰明确,这就是华为要花费人力物力去攻破的难关。

既然目标已定,就要制定出合理的计划。任正非认为,规划就是"鬼话",一开始可能不对,但是慢慢修正后就能趋于正确。如果没有系统性的规划假设,后面的行动也就无从谈起。

在华为关于人工智能的计划制订和实施过程中,最大的问题在于,这一切都是全新的,没有任何可以借鉴学习的成熟对象,华为就是人工智能的探路者。华为在向前一步之前,不知道这一步是对还是错,只有踩下去才能感知到结果。在这个新的时代,华为从学习者的身份转变到开拓者,可以说是摸着石头过河,肩负着巨大使命的同时,也将面对更大的困难。

当一家公司走过泥泞坎坷,发展到华为这么大的体量时,很多事情不是自己选择,而是必须去做的。不管是为了持久地生存,还是获得更多的利润,这家公司站在这个位置,就注定会去做一些事情,如果不做,就会死亡。对于华为来说,过去努力得来的巨大网络存量,既为新时代打开了机会的大门,提供了舞台,同时又带来了不进步则灭亡的风险。

聚焦主航道

历次讲话中,任正非都会强调聚焦主航道的重要性,而这一点也成为华为做决策的判断标准之一。如今,华为涉足的 5G、AR(Augmented Reality,增强现实,简称 AR)、VR、AI 或者是物联网、大数据等等,其核心都是围绕主航道而来。而华为的主航道是什么?是网络,是管道。

过去,任正非用过许多生动的比喻来阐释什么是主航道。华为主航道好比长江,在流动的时候,可能会流到宜昌,可能会到武汉,可能会到南京,然后从上海流向大海,许许多多的河流汇聚到一起,成了长江之水。尽管来自不同的方向,但其实质都是在长江的航道上流动,这一点不会改变。

因此,只要是能流入长江主航道的河流,或者已经在主航道的河流,就是值得华为为之付出的,而华为要做的,就是不断拓宽长江主航道,拥有更广阔的空间。华为 20 多年来坚持管道战略,虽然也曾多次动摇过,但仍一口咬定了自己的优势特长并且持续去做。

任正非解释称,通信网络管道就是长江主航道,企业网则是城市的自来水管道,终端则是水龙头,企业网只要沿着主航道进行整合,对华为都有利。未来的管道可以真正做到像太平洋那样大的流量,物联网、智能制造、大数据将对管道基础设施带来海量需求,而华为的责任就是提供连接,搭建一个巨大的市场。

人工智能也就是流入长江主航道的河流之一。任正非认为,智能社会的出现需要两个基础条件:第一,高清图像需要宽带的低成本;第二,AI、VR、AR 需要网络的低时延。这两者并不要求同时实现。带宽的低成本在未来 3～5 年,需求会非常迫切;网络的低时延可能在未来 5～10 年迫切需要。

华为的大机会是什么?大数据流量的机会窗已经在华为面前打开,窗口端的需求巨大。在面对如此多的需求时,华为不能全部都去满足,而是要聚焦主航道,满足关键的大需求。华为有自信的是,公司对于未来大机会、机会窗的假设是正确的,所以不会因为贪图小利和眼前利益而迷失了方向,丢掉了大机会。

可以看到,在新时代里,华为没有像其他公司一样快速地推出与 AI、VR、AR 相关的终端产品,比如生活机器人、智能眼镜又或者游戏产品。对于终端消费者来说,华为是无声无息的,似乎与这个时代没有关联。而实际上,华为就在这些终端产品背后非常努力地前进,与新时代紧密相连。华为正在做的那些消费者难以理解的研究项目,其实是新时代的支撑架和后备力量。如果没有这些研究,机器人、智能穿戴设备等等,都无法长久地存在。

任正非明确提出,华为不做公共人工智能产品,不做主航道边界外的小商品。华为的人工智能要与主航道业务捆绑,在边界之内可以大投,一起扩展更多的灵感,做更多的发挥。偏离主航道的业务,华为不会涉足。

如果为短期利益所困,就会在非战略机会上耽误时间而丧失战略机遇。所以,华为的"傻",还体现在不为短期挣钱机会所左右,不急功近利,不为单一规模成长所动,敢于放弃非战略性机会,敢赌未来。敢赌就是战略眼光,就是聚焦于大的战略机会,看准了,就集中配置资源压强在关键成功要素上。华为多年来只做了一件事,就是坚持管道战略,通过管道来整合业务和产业。

任正非最担心的是,华为人受不住终端市场沸沸扬扬的诱惑,没有坐十年冷板凳的决心和勇气,拿华为的人工智能和其他企业同类产品相比。这样一来,很可能出现这样的情况,研究员把产品做出来,公司没有采用,所以大家受到打击就去外面创业了。

华为的员工如果有才华就会被要求转到主航道上来。公共人工智能产品是别人的主业,却只是华为的副业。聚焦主航道,做好主航道的事情之后,别人的产品若是成功了,华为就花钱买过来用。

多年前,华为抵挡住了办公大楼楼下炒股的诱惑,静静地做研究,才得以创造了一个伟大的企业。而在互联网时代,再次需要这一心态。过去需要坚持,现在更需要。在人工智能时代,华为人吸取了互联网时代的经验,没有多余的浮躁,而是聚焦到了主航道上不动摇。

对于主航道,华为如此坚持,如果换作是其他的企业,也是同样的道理。比如,一家面馆,它的主航道任务就是要研究怎么做出好吃又健康的面条。其中关键的汤料、面条需要自己研制,而对于其他的配料或者盛放食物的碗筷,这些次要的东西可以通过整合资源得来。一个面馆不会把重心放在研究碗筷上,这个问题谁都明白。

然而,在现实情境下,常常有抓错重点的企业,看到机会就想抓住,不管大小什么都去做,到头来什么也做不好,最终一事无成。任何一家企业,都可以有多种业务同时并存,多条腿走路,但这些分支一定要有一个统一的核心,并且时刻为核心服务。

开放共赢

2017 年 12 月，华为重新确立了公司的愿景和使命：把数字世界带入每个人、每个家庭、每个组织，构建万物互联的智能世界。在此之前，华为的愿景是"丰富人们的沟通和生活"。

2018 年 4 月 17 日，华为举办了以"构建万物互联的智能世界"为主题的第十五届全球分析师大会。在会议上，华为对新的愿景和使命做出解释，表明将持续投资，连接一切未连接，通过人工智能让数字世界和物理世界浑然一体，激发潜能，孕育智慧，构建万物互联的智能世界。

这又是一次巨大的变化，这意味着华为将以更开放的姿态拥抱创新，拥抱新时代。

坚持创新

如果把质量看作华为的生命，那么创新就是华为持续生存的不竭动力。任正非称，华为"正在本行业逐步攻入无人区，处在无人领航、无既定规则、无人跟随的困境"，"已感到前途茫茫，找不到方向"。在这样的背景下，华为将迎难而上、坚持创新，以战略耐性和巨大投入追求重大创新，用优秀的人去培养更优秀的人。

进入无人区，绝不是就可以停止前进，尽情休息了，前方看不到对手，就一定要督促自己前行。所谓无人区，一是要做别人没有做过的事情，要坚持创新；二是坚持做为消费者创造价值的事情，因为这是企业存在的唯一理由。无人区的生存法则是重大创新,而如果没有理论突破,没有技术突破,没有大量的技术积累,就不可能产生爆发性创新。

任正非曾用丹柯的故事激励华为人在无人区不懈努力。一群生活在草原上的人被别的种族赶到了森林里。他们只有走出森林,才能活下来。这时候,英雄丹柯出现了,他勇敢地提出走在前方,带领大家逃出森林。

森林里的道路很艰难,气候也非常恶劣,大家走了很久,筋疲力尽的时候,有人开始埋怨,还有人指责丹柯带错了道路。为了让族人停止无用的抱怨,并且尽快带领他们走出密林,丹柯毅然地用手抓开自己的胸膛,拿出了自己的心,高高举过头顶,照亮了前进的路。

丹柯的举动惊呆了族人,于是大家团结一心,义无反顾地跟着他。最终,丹柯用他的心带领大家走出了森林,走出了黑暗,重获新生。丹柯死了,但他的心变成了草原上的星星,永远闪烁。

任正非把那些通信业的领路人比喻成丹柯。他说,华为已经走到了通信业的前沿,要决定下一步如何走,是十分艰难的问题。以前华为靠着西方公司领路,现在也要参与领路了。领路是什么概念?就是要做丹柯。华为也要像丹柯一样,引领通信产业前进的路。这是一个探索的过程,在过程中,因为对未来不清晰、不确定,可能会付出极大的代价。

很多人惧怕改变,在面对外界变化的时候,一动不动,最终被洪水淹没。在外界眼中,华为是一个稳定的企业,所谓稳定,意思是指华为能给员工一个安稳的生活、工作环境,每个人能够拿到自己应得的一份薪水,劳动能够得到认同。而实际上,华为也是一个不稳定的企业,因为它一直都在寻求新的变化,世界上唯一不变的就是变化,华为对这点的认识非常清楚。

"任何先进的技术、产品和解决方案,只有转化为客户的商业成功才能产生价值。在产品投资决策上,我们坚持客户需求导向优先于技术导向。只有在深刻理解客户需求的前提下,对产品和解决方案进行持续创新,我们的产品和解决方案才会有持续竞争力。"这是任正非对创新的一番解释,他认为,华为在无人区中肯定可以找到方向,找到照亮这个世界的路,而这条路就是"以客户为中心",而不是"以技术为中心"。

创新领域有一个不成文的规则:领先半步是先进,领先三步是先烈。很多超前的产品最终失败,就是因为太过领先,出现在消费者尚未准备好的时候,自然难以被人认同。很多企业,拥有了非常超前的技术,但却忽略了市场培育需要时间,盲目入市而后铩羽而归,结果给后来的对手做了嫁衣,最后让竞争对手领先了。

"如果不能坚持创新,迟早会被颠覆。"这是任正非对华为的指导思想,也是华为给其他企业的启示。

不做黑寡妇

黑寡妇是拉丁美洲的一种蜘蛛,这种蜘蛛在交配后,雌性会咬死并吃掉配偶,作为自己孵化幼蜘蛛的营养,因此民间为之取名为"黑寡妇"。任正非用这种蜘蛛来警示华为人,不能与人合作之后就把对方吃了或者甩了。华为不做"吃人"的"黑寡妇",而是要发扬开放合作的精神,实现双赢。

华为要有原创精神,但并不等于关起门来自己创新。自主创新不是封闭的,而应当采取开放合作的态度和方式,整合各方资源优势,与他人共享利益。任正非曾讲:"即使我们成为行业的领导者,也不能独霸天下,我们不要树敌过多,要多交朋友。我们立足建立平衡的商业生态,而不是把竞争对手赶尽杀绝,我们努力通过管道服务全球,但不独占市场。"

有人认为,华为能够如此开放,是因为本身体积庞大,不用惧怕对手。其实不然,对于小企业来说,开放精神更加重要,且不说那些恶意打击竞争对手的企业多么卑劣,可怕的是,他们竟然没有意识到开放合作能够带来多么大的好处。封闭自我只会导致故步自封,最终在市场中消失。

任正非还特别谈过终端合作,他提出希望终端用世界上最好的镜头、最好的音响、最好的计算能力……组装成世界上最好的手机。但这些零部件不需要全都自己开发,而是要把华为的研究系统和战略合作供应商平台全打通、全融合,共同来分享利益。"即使大部分是我们研究的,也要让合作伙伴集成生产、组件供应,决不可做自耕农。我们能与员工分享利益,为什么不能与战略合作伙伴分享利益呢?我们一定不能事事'自主',成为国际孤儿。"

和上下游的合作商交朋友,也要和竞争对手交朋友,这个仅是公司策略,更是一种包容万物的广阔胸怀。未来,华为不仅要和运营商交朋友,和经销商交朋友,还会走出通信领域,去汽车、能源、农业等多个领域交朋友。

华为体验过开放合作带来的好处,所以任正非才不断说:"要虚心、认真学习国外主要竞争对手的优点,并时时看到和改正自己的缺点。华为要活下去就要学习,开放合作,不能关起门来超越世界。我们所有的拳头产品都是在开放合作中研制出来的。"

在机器学习领域,一定有很多学习软件大大地超越华为,会有很多很多人做出好的东西来。这时候,华为不必惊慌失措,而是要和最好的厂家合作。就单项的研发能力来说,全世界很多国家的公司和研究所都很厉害,但是华为有很强的整合能力,所以不用害怕开放。

"这边掺进一个美国砖,那边再用一个欧洲砖、一个日本砖,不管砖是谁的,能打胜仗就行了,不要什么砖都自己造。在这个大平台上,允许大河奔腾的踢踏舞,允许'蜂子'跳舞,它颠覆不了这个平台,但是激活了这个平台。在产业分工上,在别人有优势的地方就利用别人的优势,集中精力在主航道。"任正非的意思是,在做一件事情的时候,不必要方方面面都争当英雄,不用每个细节都是自主创新。有选择地创新,发扬开放合作的精神,才有可能孕育成功。

用一杯咖啡吸收能量

大概从 2012 年起,走出去喝咖啡这件事,成为任正非常常挂在嘴边的一句话。

"开阔视野,持续开放,高级干部和专家要改变'中国农民'思维,多开放,多与人'喝咖啡'。不要像中国老农民一样,只知道埋头苦干,要善于用一杯咖啡吸收全宇宙能量。我们经常参加各种国际会议和论坛,杯子一碰,只要 5 分钟,就可能会擦出火花,吸收很多'能量'。"任正非所说的"喝咖啡",实质上就是走出去和更多有思想的人交流学习,大家可以用一杯咖啡吸收全宇宙的力量,也可以换成用一杯茶吸收全宇宙力量。

能量吸收后,还得思考如何筛选区分利用,把那些真正有助于发展的能量聚合成前进的内力。华为过去是一个封闭的人才金字塔结构,但如今金字塔塔尖已经炸开,这就要求大家开放地吸取"宇宙"能量,加强与全世界科学家的对话与合作,支持同方向科学家的研究,积极地参加各种国际产业与标准组织,参与各种学术讨论,多与能人喝喝咖啡,从思想的火花中,感知发展方向。有了巨大势能的积累、释放,才有厚积薄发。

喝咖啡的关键在于学习而不是喝。很多企业人士和不同的人喝了很多咖啡,却没能吸收能量,更谈不上将能量转化为动力了。为了喝而喝是不行的,喝咖啡一定要带着自己的思想,去分析总结。每个人的时间是有限的,喝咖啡的时间也是有限的,任正非只希望华为人不要浪费手中的那杯咖啡。

为了让华为人喝到有价值的咖啡,华为不惜花费重金把他们送到喝咖啡的地方。2016 年 10 月 28 日,华为举行了誓师大会,任正非发表题为"春江水暖鸭先知,不破楼兰誓不还"的讲话,这是为华为新一代研发人才送行的大会。

任正非充满激情地讲道:"我们从研发部门集结了 2000 名高级专家及干部,奔赴战场,与几万名熟悉场景的前线将士,结合在一起,形成一股铁流。在机会窗开启的时间,扑上去,撕开它,纵向发展,横向扩张。我们错过了语音时代、数据时代,世界的战略高地我们没有占据,我们再不能错过图像时代。我们短时间内直接选拔了有 15~20 年研发经验的高级专家及高级干部投入战场,他们对技术深刻的理解能力,与前线将士的战场掌控能力结合在一起,一定会胜利的。"

这是华为进军未来世界的宣誓。高级专家们被派往世界各地去"喝咖啡",他们到有故障的地方,去其他国家的专家身边,研究案例,研究机器。因为只有和科学家、技术大拿、运营商或客户这些专家人才天天"混"在一起"喝咖啡",才能知道故障在哪儿,才能学习到他们是怎么发现故障的。一定要和专家们面对面喝咖啡,否则就学不到真本事。

当然,华为内部本来就是一个巨大的能量中心,内部之间也需要多喝咖啡,不同领域的科学家、专家、工程师之间需要互相沟通学习。在开放的平台上,思想的火花才有可能燃成熊熊大火。任正非认为,未来的人才一定是综合型人才,是敢于将各种最先进的工具和新的方法应用到业务中的"杂家",这样的人才具有强大的能量吸收能力。

或者说,华为的人才需要"乱炖","只要他们愿意转行,带来的思维方式都会使我们的人工智能更成熟。带着生物学、医学的思维观念,也能搞电气学,不能只招计算机和电子类学生"。任正非用自己的经历举例,原本学建筑的他,一天也没搞过自己的专业。

人才并不是一定要科班出身,学习的关键不是知识的多少,而是能力的养成。华为开放的平台,需要各种各样的人才,中国的博士、外国的专家,有能力的"80后""90后"等,都是华为需要的人才。10年之后,这些储备人才经过了千锤百炼,就能够成为华为的中坚力量。

站在未来,华为若要活下来,就必须保持创新的生命力。要实现创新,就必须开放合作,整合全球的优秀资源。人才、技术等各种能量聚集在华为的大熔炉,不断地燃烧,炼成巨大的能量场,就会吸引更多的合作者,共同努力,创造未来世界。

参考文献

[1] (韩)W.钱·金,(美)勒妮·莫博涅.蓝海战略(扩展版)[M].吉宓,译.北京：商务印书馆,2006.

[2] (美)埃米·威尔金森.创新者的密码：未来企业家必备的6大技能[M].郝莹,编,张跣,译.杭州：浙江人民出版社,2015.

[3] (美)彼得·德鲁克.创新与创业家精神(珍藏版)[M].蔡文燕,译.北京：机械工业出版社,2009.

[4] 陈雪频.重塑价值：中国企业转型路径[M].北京：中国友谊出版公司,2017.

[5] (美)蒂姆·哈福德.适应性创新[M].冷迪,译.杭州：浙江人民出版社,2014.

[6] (韩)高承禧,(韩)金圣寿,(韩)金新,(韩)金荣来,(韩)薛凤植,(韩)李建熹.为什么是三星[M].潘晓君,解兰兰,译.北京：中信出版社,2013.

[7] 黄卫伟,主编.以客户为中心：华为公司业务管理纲要[M].北京：中信出版社,2016.

[8] (美)纳西姆·尼古拉斯·塔勒布.反脆弱：从不确定性中获益[M].雨珂,译.北京：中信出版社,2014.

[9] 孙武.孙子兵法[M].中国纺织出版社,北京：2015.

[10] 田涛,吴春波.下一个倒下的会不会是华为(终极版)[M].北京：中信出版社,2017.

[11] 吴春波.华为没有秘密：华为如何敬畏和坚守常识(珍藏版)[M].北京：中信出版社,2016.

图书在版编目(CIP)数据

华为终端战略/芮斌,熊玥伽著.—杭州:浙江大学出版社,2018.11

ISBN 978-7-308-18562-2

Ⅰ.①华… Ⅱ.①芮…②熊… Ⅲ.①通信企业—企业经营管理—经验—深圳 Ⅳ.①F632.765.3

中国版本图书馆 CIP 数据核字(2018)第 196521 号

华为终端战略

芮　斌　熊玥伽　著

策　　划	杭州蓝狮子文化创意股份有限公司	
责任编辑	卢　川	
责任校对	於国娟	
封面设计	王天义	
出版发行	浙江大学出版社	
	(杭州市天目山路 148 号　邮政编码 310007)	
	(网址:http://www.zjupress.com)	
排　　版	杭州林智广告有限公司	
印　　刷	浙江新华数码印务有限公司	
开　　本	880m×1230mm　1/32	
印　　张	7.75	
字　　数	180 千	
版 印 次	2018 年 11 月第 1 版　2018 年 11 月第 1 次印刷	
书　　号	ISBN 978-7-308-18562-2	
定　　价	58.00 元	